옛 음악가들의 삶과 욕망

큰 글씨 책

006

옛 음악가들의 삶과 욕망

초판 1쇄 인쇄 2019년 11월 4일
초판 1쇄 발행 2019년 11월 11일

—

지은이 전지영
펴낸이 이방원
편 집 김명희 · 안효희 · 윤원진 · 정조연 · 정우경 · 송원빈
디자인 손경화 · 박혜옥
영 업 최성수
마케팅 이미선

—

펴낸곳 세창미디어
　　　출판신고 2013년 1월 4일 제312-2013-000002호
　　　주소 03735 서울특별시 서대문구 경기대로 88 냉천빌딩 4층
　　　전화 02-723-8660 | **팩스** 02-720-4579
　　　이메일 edit@sechangpub.co.kr | **홈페이지** http://www.sechangpub.co.kr

—

ISBN 978-89-5586-577-6 03910

이 도서의 국립중앙도서관 출판시도서목록(CIP)은 서지정보유통지원시스템 홈페이지(http://seoji.nl.go.kr)와
국가자료공동목록시스템(http://www.nl.go.kr/kolisnet)에서 이용하실 수 있습니다. (CIP제어번호: CIP2019042694)

세창역사산책 006

옛 음악가들의 삶과 욕망

전지영 지음

세창미디어
MEDIA

　책의 제목에서 '음악가'라는 말을 썼지만 좀 더 적절한 말은 악인(樂人)일 듯하다. 음악가는 독립된 인격체이자 예술적 자의식을 갖는 존재로 이해되지만, 조선시대 악인들은 대개 신분적으로 하층민이었고 그들을 지칭하는 용어도 대개 연주하는 광대, 노래하는 노비 등의 의미를 가졌다. 조선시대 악(樂)은 국가의 통치와 백성의 교화를 위한 상징이었지만, 그 악을 담당하는 악인들은 인격체라기보다는 하나의 도구처럼 다루어졌다. 그중에는 마지막까지 화려한 삶을 살았던 이들도 있고 부귀를 누린 이들도 있었지만, 대부분 악인의 삶은 세상으로부터 주목되지 못했고 기억되지도 못했다. 악인으로서 활동은 오랫동안 음악을 훈련받은 직업적 예인의 삶을 의미하지만, 기예의 탁월함이나 예술적 장인정신과 무관하게 그들의 삶은 늘 지식인이라는 타자의 눈에 의해 조명되고 그려졌다. 기록으로 남겨진 악인들의 삶은 언제나 타자와 이방인의 것이다.

그러므로 악인들의 삶은 남겨진 기록의 양과 무관하게 실질적으로는 잊혀지거나 지워진 활동사진과 같다. 지금도 사람들은 예악을 논하고 전통음악의 위대함에 도취되기도 하지만, 그것을 직접 수행했던 기층의 악인들이 얼마나 고독하고 억압된 이들이었는지는 무관심하다. 권력자들이 현란한 문사(文辭)를 동원해서 아름다운 은둔과 과시적 자기반성에 몰두할 때, 그들에 의해 타자화된 악인들은 파쇄된 종잇조각처럼 파편화된 채 섬광처럼 세상에 흩뿌려졌다. 사족(士族)들의 화려하고 사치스러운 연회에 동원되어 비단 자리에 앉아 음악을 연주하고, 학자들의 자족적인 산수유람에 동원되어 절벽 위 소나무에 기대어 악기를 불 때, 기록에서는 연회의 아름다움과 학자의 심성수양을 미덕으로 묘사하면서도 정작 동원된 악인들의 고충과 회한은 고려하지 않는다. 악인들은 언제나 고독한 타자들이다.

예나 지금이나 예술가들은 비범한 고독자들이다. 평생

을 거쳐 부초처럼 떠돌다가 먼지처럼 사라지는 운명의 짐을 짊어진 악인들은 자신의 존재감을 찾기 위해 삶과 음악이 기록으로 남겨지기를 바랐다. 그래서 권력자나 문인들을 찾아 시를 부탁하기도 하고, 때로는 사족들의 삶을 흉내 내려는 욕망을 키우기도 했다. 운이 좋아, 은퇴한 관료나 한가로운 문인들이 악기를 배우기 위해 찾아오는 경우도 있었다. 하지만 악인들의 고독과 욕망은 늘 '아름다움'과 '낙화시절(落花時節)' 사이의 모순을 넘어서지 못했다.

안녹산의 난을 당해 강남으로 피난 간 두보가 왕년의 악사 이구년(李龜年)을 보고 "지금 강남 풍경 아름다운데, 꽃 지는 시절에 또 그대를 만나네(正是江南好風景, 落花時節又逢君)"라고 노래했던 기억은 악인들의 삶에 그대로 적용된다. 그들은 가장 화려하고 사치스러운 '아름다운' 공간에서 평생을 보내면서도 결국은 시들어서 땅에 떨어져 먼지 속에 사라지는 '낙화시절(꽃 지는 시절)'의 회한만을 남긴 채 기억에서 지워졌다. 꽃과 먼지 사이의 괴리, 아름다움과 지워짐의 간극이야말로 옛 악인들의 공간이었다.

차 례

1장
'악공',
모순적 존재

　악인(樂人) 중에서도 특별히 다루어야 할 인물들이 바로 '악공(樂工)'이다. 조선시대 음악가들을 언급할 때 '악공'이라는 단어를 기억할 필요가 있다. 악(樂)은 지금의 음악 개념과 달라서, 기악, 성악, 춤이 분화되지 않은 총합적 개념에 해당한다. 그래서 지금도 남아 있는 조선시대 종묘제례악이나 궁중정재(궁중무용)를 보면 기악과 노래와 춤이 결합하여 있는 형태를 확인할 수 있다. 공(工)은 아마추어가 아닌 숙련된 장인을 지칭한다. 그래서 악공은 악을 담당하는 숙련된 장인을 의미한다. 또한 악공은 민간에서 활동하는 일반적인 음악가를 가리키는 것이 아니라 국가기관이나 관청에 공식적으로 소속된 이들이다.

악공이라는 이름

조선시대 음악을 담당하는 국가기관은 예조 소속의 '장악원'이라는 기관이다. 장악원의 임무는 국가의 음악을 연주하고 전승하는 것이었고, 이때 국가의 음악이란 조선시대 개념에서 임금의 음악이며, 오늘날 개념으로는 궁중음악을 의미한다. 궁중음악이란 '궁궐에서 연주하는 음악'이 아니라 '국가의 공식행사에서 연주하는 음악'이며, 이는 실질적으로 임금을 주인공으로 하는 음악이다. 장악원의 음악이란 곧 국가의 공식의례용 음악이라고 할 수 있다.

궁중음악은 임금을 주인공으로 하는 음악이기 때문에 궁궐 밖에서는 연주될 수 없다. 고관대작이든 변방의 토호든 누구라도 사적인 공간에서 궁중음악을 연주하게 해서 들었다면, 이는 그가 임금이 되고자 함을 의미하는 것이기 때문에 대역죄에 해당하게 된다. 궁중음악은 그 연주범위가 엄격하게 제한된 것이며, 그래서 국가에 공이 있는 신료의 경우 임금이 특별히 장악원의 악공을 그 집에 보내 음악을 연주하게 하기도 했다. 이른바 음악을 '하사'하는 것인데, 이런 경우는 임금의 전유물을 선물한 것이기 때문에 최상의 예우에 해당한다고 할 수 있다. 그렇다고 장악원 악공들의 신분이나 처우가 좋은 것은 아니었다. 신분은 하층민이었고 처우는 매우 열악해서 조선 후기에 이르게 되면 장악원 근무를 꺼리는 현상이 두드러진다.

장악원의 악공들은 성종 때 970여 명에 이르렀고, 점차 감소하여 임진왜란 이후 조선 말기까지는 대략 600여 명 정도의 인원을 유지했다. 이들의 선발, 규모, 처우 등은 『경국대전』에 구체적으로 명시되어 있었지만, 현실적으로 규정이 제대로 지켜지지는 않았다. 악공은 지방의 관노에서 충원했는데, 얼핏 생각하면 지방 관노로서 서울의 중앙기관에서 국가의 공적 임무를 수행하는 것이 매우 자랑스러울 것 같지만, 현실은 그렇지 않았다. 처우가 워낙 열악했기 때문이다.

장악원 악공은 국가에서 급여를 주지 않았다. 지방에서 장악원으로 차출되면 친족 중에서 '봉족' 혹은 '보인'이라 하여 2명을 뽑아서 서울로 올라간 악공의 생계와 급여 및 세금부담을 담당하게 했다. 그런데 이 세금부담이 다른 이들에 비해 갑절로 많아서 큰 고통을 안겨주었다. 게다가 지방에서 차출된 관노는 주로 무속을 중심으로 하여 음악과 관련된 일을 생업으로 하는 집안 출신이다. 이들은 그 지역에서 여러 세대를 거치면서 터를 잡고 자신의 생계를 인정받고 활동해 온 이들이다. 그리고 남성들이다. 이들이 서울로 차출된다는 것은 지역에서 가족의 생업활동과 예능전승에 차질이 생기고 가족의 생계가 위태로워진다는 것을 의미한다.

이 때문에 장악원 악공으로 차출될 때 실제로 상경해서 활동하는 이들은 절반 정도밖에 되지 않았다. 나머지 절반은 사람을 사서 돈을 주고 대신 올려 보내거나 아예 도망치는 경우도 있었다. 그런데 사람을 사서 올려 보내는 경우는 올라간 사람의 봉족(보인)의 몫까지 담당해야 하므로 쉽게 감당하기 어려운 부담이었다. 이 때문에 장악원으로 차출되면 가산을 탕진하는 경우가 적지 않았고, 이를 감당하기 어려운 경우 아예 자결하는 경우도 있었다. 『중종실록』에서는 청주 사람이 악공으로 차출되자 그 아버지가 '가산을 탕진하여 살 수가 없다'고 목매어 자살했다는 내용과 함께 매년 그러한 사람들이 생겨난다는 상소가 있다(1541년, 중종 36). 『명종실록』에서도 악공으로 서울로 가게 되면 집과 땅을 팔고 재산을 다 파해도 그 역을 감당하지 못해서 도망하는 이들이 태반이라고 하였다(1554년, 명종 9).

이렇게 악공들이 서울로 올라가려 하지 않자, 일단 서울로 올라간 악공들에게 더 많은 부담이 지워졌다. 봉족(보인)의 수를 늘리고 세금을 더 무겁게 부과했다. 그렇게 되면

서울로 가지 않기 위해 온 가족이 도망하는 경우도 많아졌다. 온 가족이 도망하게 되면 고을 수령은 일단 이름만 서류상으로 올리고 그에 따르는 모든 비용은 고을 농민들의 세금으로 충원하곤 했다. 악공의 삶이 악공만이 아니라 지역 공동체 전반에까지 영향을 미쳤던 것이다.

그렇다 보니 서울의 장악원에서 근무하는 악공들의 생활은 극빈자의 모습에서 벗어나기 어려웠다. 아예 어려서부터 상경하기도 하는데, 국가에서 급여도 주지 않는데 그들의 거처를 마련해 줄 리가 없다. 그들은 대개 남의 집에 세 들어 살거나 관공서의 빈터에 천막을 치고 살았다. 그리고 궁중의 행사만이 아니라 고위 관리의 각종 연회에 동원되거나, 임금이 사냥할 때 짐승몰이에 동원되기도 하는 등의 잡역이 심했다. 그리고 장악원에서 필요한 음악은 민간의 음악과 전혀 다른 것들이므로 이 음악은 새로 익혀야 한다. 익히는 정도는 사람마다 차이가 생길 수밖에 없는데 음악을 잘 못 익히는 경우는 음악에 관한 일이 아니라 아예 관리들의 개인적 노비로 악공을 활용했다.

고향을 떠나 가업을 잇지도 못하고 남은 친족에게 막대한 경제적 부담을 지우게 된다면 누가 그 일을 담당하려 하겠는가? 게다가 음악활동을 지속할 수 있다는 보장도 없다면 누구라도 그 역(役)은 피하고 싶지 않겠는가? 설상가상으로 임진왜란 이후에는 많은 악공이 죽거나 달아나서 상황이 더욱 심각해졌으며, 『인조실록』에서는 장악원 악공이 107명밖에 안 된다고 적고 있다(1629년, 인조 7). 이는 필요한 정원의 약 1/4도 안 되는 인원이었다. 조선은 유교적 이상사회를 위해 음악을 중시하고 음악을 통해 정치를 바로잡고 백성을 교화하고자 하는 나라였다. 그러한 이상을 구현하기 위해서는 악공의 처우를 비롯한 현실적인 제도의 운용이 중요하지만, 이상에 비해 현실은 열악한 편이었던 것이다.

하지만 장악원 악공 중에서도 최고위 직이었던 전악(典樂, 장악원 음악인의 리더로 실제 음악을 총괄하는 위치)의 경우, 그 음악적 능력이 뛰어나서 은퇴 후에도 고관대작의 행사와 잔치에 초빙되어 연주했고, 최고의 대우를 받았다. 물론 그때 연주하는 음악은 궁중음악이 아니라 민간음악이다. 민간의 다양한 음악은 다양한 공간에서 이들 악공들에 의해 연주되고 다양한 사람들에게 감상되었다. 또한 악공들 사이의 빈익빈부익부 현상도 심해서 유명세가 있는 악인은 사대부들이 서로 다투어 초빙하려고 했고 대우도 좋았다. 조선 전기의 '이마지'나 조선 후기의 '김성기' 같이 당대 최고의 명수로 이름난 악공의 경우는 잔치나 행사에 그를 초빙하지 않으면 주인의 체면이 서지 않는다고 했고 그를 초빙하지 못하는 것이 수치로 여겨지기도 했다.

장악원 외에도 각 지방 관청에도 소속 악공들이 있었고, 주로 그 지방에서 대대로 무업(巫業, 무속)에 종사해 왔던 집안의 남성들이 일을 맡았다. 현대사를 통해 무업은 미신으로 치부되고 사회적인 멸시가 강해졌지만, 조선시대까지 한반도의 뿌리 깊은 음악전문가 집단이 바로 무업에 종사하던 이들이었다. 서양식 음악교육이 도입되기 이전에 사회 구석구석에서 전문가 음악을 접할 기회의 절대다수는 무업 종사자들에 의해 제공되었다. 개인이나 집안의 굿이든 마을단위의 동제든 상관없이 무업에는 기악, 노래, 춤이 동반되는 제의가 기본이 되며, 이들은 세습에 의하든, 결혼관계에 의하든, 혹은 신내림 관계에 의하든 모두 악가무의 전문가 집단이었다. 이들 중 일부는 차출되어 서울의 장악원으로 올라가기도 하고 지방 관아의 악공으로 근무하기도 했다.

신분과 예능의 사이

조선시대 모든 악공은 예외 없이 신분적으로 하층민이었다. 그들은 사소한 일로 관료의 미움을 받아 죽임을 당하거나 후원자의 정치적 성향에 따라 정치적 사건에 휘말리는 경우가 다반사였다. 자신의 의지와 상관없이 권력자에 의해 삶이 결정되는 구조다 보니 억울한 일을 당하는 경우도 숱하게 많았다.

세종-세조 당시 최고의 유명세를 가졌던 인물은 거문고를 타던 이마지였는데, 당시 김대정 역시 거문고로 이름을 날렸던 인물이었다. 그 무렵 서울에서 거문고라고 하면 "김대정의 간엄(簡嚴)함과 이마지의 요묘(要妙)함"을 최고로 쳤다. 간엄함이란 난삽하지 않고 간결하고 깔끔하면서 흐트러짐이 없다는 의미이고, 요묘함이란 탁월한 음악성으로 신묘한 경지에 이르면서도 표현에 지나침이 없이 균형이 잡혀 있음을 의미한다. 하지만 결과적으로 이마지는 조선시대를 통틀어 최고의 명수(名手)로 이름을 남긴 반면, 김대정은 그렇지 못했다. 이른 나이에 죽임을 당했기 때문이다.

또 다른 인물로 강장손은 16세기 초(중종, 인종 무렵) 최고의 거문고 연주자 중 한 사람이었다. 그는 상림춘, 김종손과 함께 당시 서울의 거문고 3인방이라고 할 수 있는 인물이었는데, 상림춘의 거문고는 '청화(淸和, 맑고 부드러움)'하고 김종손의 거문고는 '유심(幽深, 깊고 그윽함)'하고, 강장손의 거문고는 '호장(豪壯, 호탕하고 장중함)'했다고 전한다. 강장손이 사대부

집에 초청받아 가면 휘황한 자리에 오색 불빛이 밝혀지고, 화려한 건물에서 여러 귀족들 앞에 진귀한 술이 자리를 가득했는데, 그곳에서 그가 연주를 하면 마치 귀개공자(貴介公子)가 취한 채 미인의 무릎에 누운 것 같다고 했다.

특히 강장손은 도연명의 「귀거래사(歸去來辭)」를 거문고 곡조로 만들어 자신의 특기로 삼았는데, 많은 이들이 그 음악을 배워 갔다. 당시 종1품인 찬성(贊成) 관직의 이장곤(李長坤)이 장악원 관리로 발령을 받았는데, 강장손의 「귀거래사」가 어떤지 듣기 위해 강장손을 불러 연주하게 했다. 연주를 시작한 지 얼마 되지 않아 이장곤은 '마음대로 거짓 음악을 만들어 사람들을 현혹시킨다' 하여 강장손을 잡아들여 곤장 80대를 때렸다. 사족(士族)들의 전유물인 도연명의 시를 천민 악공이 함부로 음악으로 만든다는 것 자체가 마음에 안 들었던 것이며, 이로 인해 강장손은 죽고 그의 음악은 전승이 단절되었다.

이런 경우 외에도 악공들은 자신들의 의지나 능력과 무관하게 죽거나 정치적 사건에 휘말려서 피해를 입는 경우가 다반사였다. 오히려 악공으로서 유명세가 없거나 사회적 존재감이 크지 않은 경우는 이런 다양한 사건들의 영향으로부터 비껴 있을 수 있지만, 유명세가 클수록 이런 부당한 피해의 가능성 역시 클 수밖에 없었다.

반면, 공이 있거나 운이 좋아서 천민 신분을 면하게 된 경우도 많았다. 병자호란 당시 전악이었던 황상근(黃尙謹)은 도성이 함락되는 급박한 상황에서, 궁궐의 음식을 담당하는 부서인 사옹원의 우물에 아악기 편종(編鍾)을 숨겨 놓았고, 궁궐의 말과 가마를 관리하는 부서인 사복시의 구덩이에 아악기 편경(編磬)을 숨겨서 보관했다. 또한 궁중의례의 여러 의물들은 뒤주에 넣어 보관했는데, 그 공로를 인정받아 포상을 받았다. 역시 병자호란 당시 전악이었던 신계룡(申繼龍) 또한 당시 편종과 편경 및 여러 의물들을 땅에 묻거나 잘 보존해서 공을 인정받았는데, 이를 두고 신계룡에게 면천을 허락할지에 대해 조정에서 논쟁이 있기도 했다.

세조의 계유정난 이후에는 원종공신(공신들을 도와서 함께했던 가족이나 수종들)으로 많은 악공들이 면천(免賤, 천민 신분을 면함)을 하사받았다. 전악 황효성과 김려생, 비파의 일인자였던 송태평·송전수 부자, 순천 관노였던 대금 악공 허오, 임영대군의 노비였던 이승련 등 여러 유명 음악가들이 노비 신분에서 벗어나 양인이 되었다.

탁월한 음악적 능력만이 아니라 아들을 잘 둔 덕에 좀 더

궁중제례악에 사용되던 노고(路鼓), 편종(編鐘), 편경(編磬) 등의 악기 주변에 악사들이 앉아 있는 모습이 담긴 흑백 사진엽서, 국립민속박물관.

평탄한 삶을 살았던 경우도 있는데, 조선 중기의 허억봉을 예로 들 수 있다. 그는 장악원 전악으로서 당대 조선의 최고 음악가의 지위를 누렸다. 허균(許筠)은 자신의 젊었을 때 기억을 더듬으면서 최고의 음악가로 대금의 허억봉, 거문고의 박소로(또는 박수로)와 홍장근, 가야금의 이용수, 비파의 이한, 아쟁의 박막동, 노래의 영주선과 석개를 언급했다. 허억봉은 허억복으로도 기록되어 있는데, 그는 원래 양양의 관노 출신이었으며, 대금뿐만 아니라 거문고 실력도 탁월한 악공이었다.

1572년 장악원 제조(提調)였던 안상(安瑺)이 기획한 『금합자보(琴合字譜)』라는 악보가 만들어졌는데, 이 악보 제작에는 당시 장악원 소속의 악공 중에서도 최고의 기량과 영향력을 갖는 이들이 동원되었다. 이때 선발된 인물들이 홍선종, 이무금, 허억봉이었다. 홍선종에게는 거문고 악보를 만들게 했고, 허억봉에게는 대금 악보를 만들게 했으며, 이무금에게는 장구와 북의 악보와 노랫말을 담당하게 했다. 이들은 두말할 나위 없이 당대 최고의 음악가들이었고, 이 『금합자보』는 이들이 활약했던 16세기 후반의 거문고, 대금, 비파 음악을 담고 있다. 이 중 대금 악보가 허억봉의 유산인 것이다.

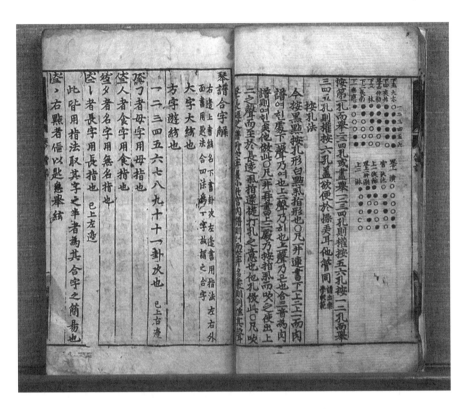

『금합자보』(1572), 보물 제283호, 간송미술관.

허억봉은 그만큼 당대 최고의 실력자로 인정받았던 악공이었는데, 그 역시 많은 문인의 기억을 통해 이름이 전해지고 있다. 위의 허균 기록 외에 허균의 스승인 이달(李達)과 이달의 스승인 정사룡(鄭士龍)이 모두 허억봉에 관한 시를 남겼다.

두 눈썹은 눈을 덮고 귀밑머리 엉성한데(雙眉覆眼鬢蕭蕭)

일찍이 이원(梨園, 장악원)에서 옥소(玉簫)를 불었네(曾捻梨園紫玉簫)

옥 같은 누대에서 한 곡을 타니(移向瑤臺彈一曲)

곡 끝에 흐르는 눈물이 선조(先朝)를 이야기하네(曲終垂淚說先朝)

— 이달(李達), 『손곡집(蓀谷集)』 권6, 「악사 허억봉에게 주다」

당 현종 이원제자들의 절예(絶藝)를 옮겨 놓은 듯(絶藝唐皇擅弟昆)

이원은 늘 뭇소리들을 넘어서노니(梨園常破衆音喧)

소리 하나로 바위를 쪼갠 것은 지금 어디 있는가(一聲裂石今安有)

기예 탁월한 여러 명인 중에서도 그대는 유독 탁월하구나(伎到諸工爾獨尊)

—정사룡(鄭士龍), 『호음잡고(湖陰雜稿)』 권4, 「허억봉이 대금을 연주하다」

임진왜란 때 의병장으로 기억되는 고경명(高敬命) 역시 허억봉을 언급한 적이 있다. 그에 따르면 허억봉은 관노임에도 초빙 받아 가는 연회에서 늘 화려한 비단자리에 앉으니 이는 세상에 드문 재주를 가진 인물이기 때문이라 하였다. 다른 악공들에 비해서 허억봉의 삶은 비교적 순탄했던 것으로 보인다.

허억봉은 사실 그 아들 때문에 더 유명해졌다고도 볼 수 있는데, 그 아들이 바로 조선시대 한방 침구의 일인자였던 허임(許任)이다. 허임은 임금에게 직접 침을 놓은 내침의였고 그의 『침구경험방(鍼灸經驗方)』은 지금도 한의학의 주요한 도서로 인정되고 있다. 허임은 신분적 한계에도 불구하고 임금의 신임을 얻은 탓에 덕평부사, 남양부사 등의 벼슬도 했는데, 이 때문에 많은 사대부들의 질시를 받기도 했다. 덕분에 부친인 허억봉은 우의정 부원군에 추증되고 어머니 또한 정경부인에 봉해지기도 했다. 허임의 기록에 의하면 허억봉은 선조 때 우의정과 좌의정을 지낸 김귀영(金貴榮) 집안의 사노비와 결혼해서 허임을 낳았다. 허억봉의 동생인 허롱 역시 장악원 악공이었다. 집안이 대대로 세습 음악가의 내력이 있었다고 볼 수 있다.

하지만 허억봉 같은 경우나 앞서 언급한 정치적 상황에

의해 특혜를 입은 경우는 극히 예외적 경우에 해당한다. 대부분 악공들은 삶은 화려함과 신분적 제약 사이의 모순관계에 놓여 있었다. 신분상으로는 천민이지만, 그들이 유명해질수록 당대 고관대작들이 다투어 초빙해서 연주를 부탁하고, 자신의 음악에 대한 감상자들도 모두 귀인들이며, 자신의 연주무대가 화려한 휘장에 값비싼 비단 자리로 장식된 공간으로 치장될 때, 과연 그들의 내면은 어떠한 심리적 상태였을까? 조선시대를 통틀어 최고의 유명세를 누렸던 거문고 연주자 이마지의 일화에서 이를 살펴볼 수 있다.

위대한 이름들

조선 최고의 음악가는 조선 전기의 이마지(李亇知)와 조선 후기의 김성기(金聖器/基)라고 할 수 있는데, 둘 다 거문고를 주된 전공으로 삼았던 이들이지만 사회적 영향력과 기록의 신화성으로 볼 때 단연 최고는 이마지라고 할 수 있다. 이마지는 기록에 이오마디, 이오마지, 이마지 등 여러 명칭으로 등장한다. 악인들은 신분이 하층민이다 보니 한자식 이름을 갖지 않았으며, 이 때문에 한문으로 기록을 남길 때는 원래 국문 이름의 발음에 근접한 한자어를 임의로 차용하여 사용하다 보니 한자표기가 다양하게 나타나는 것이 일반적이다. 그러므로 악인들의 이름에서 한자표기는 중요하지 않다.

이마지는 효령대군의 가졸이자 거문고 악공이었던 이법화의 아들이었다. 대대로 음악을 세습하던 집안의 인물이었던 것이다. 그는 『용재총화』의 저자이자 「악학궤범 서문」을 쓴 성현이 직접 찾아가서 거문고를 배웠던 인물이며, 많은 사족(士族)들을 제자로 둔 탓에 더욱 유명세를 누린 인물이기도 하다. 성현에 의하면 이마지의 거문고는 "소리를 퉁긴 자취가 없이 악기 바닥에서 소리가 올라와서 정신이 번쩍 들게 하니 참으로 절예(絶藝)였다"고 했다. 이마지가 거문고를 타면 그 성음이 오묘하여 마치 귀신의 휘파람 같아서 좌중의 사람들은 모두 머리카락이 쭈뼛 서는 것과 같았다고 한다. '머리카락이 쭈뼛 선다'는 말은 조선시대 문헌기록에서 음악에 관한 최고의 찬사와 감동을 묘사할 때 종종 사용되는 표현이다.

예나 지금이나 최고의 음악가는 제자가 없다. 그 이유는 음악성이 워낙 탁월할 뿐만 아니라 고도의 기예와 즉흥성이 결합되어 제자들이 쉽게 배울 수 없기 때문이다. 이마지역시 그 뒤를 잇는 제자가 없었으며, 그렇다 보니 그가 죽고 나자 여러 음악가들이 '내가 이마지에게 배웠다'고 나서면서 자신의 몸값을 높이려고 했다. 고금을 통틀어 능력이 부족한 이들이 보이는 모습 중 하나가 스승의 유명세를 팔아서 자신의 존재가치를 확인받으려는 태도이다. 하지만 실제로 이마지의 이름을 거론한 이들 중에서 이마지에게 제대로 배운 이들은 거의 없었으며, 그의 이름은 빠른 시간 안에 전설과 설화의 공간으로 진입했다. 그나마 기생이었던 상림춘만이 이마지의 거문고에 근접했을 뿐이었다.

이처럼 당대에 이름을 날리자 이마지는 숱한 잔치와 행사에 불려 가서 연주를 했다. 그때마다 화려한 인물과 화려한 자리와 화려한 술과 화려한 안주와 화려한 미인들이 가득했다. 하지만 화려할수록 이마지의 내면은 공허했던 것 같다. 16세기 문신 김안로(金安老)의 「용천담적기(龍泉談寂記)」에는 이에 대한 자세한 기록이 있다.

언제나처럼 이마지는 정승과 귀족들이 가득한 자리에 초빙받았다. 이마지가 연주를 시작하자 마치 구름이 지나고 시냇물이 흐르듯 부드럽게 흐르다가, 갑자기 고조된 선율이 등장하자 좌중의 사람들이 모두 음식 맛을 잃고 멍한 표정으로 술잔을 멈춘 채 통나무처럼 앉아 있었다. 다시 음악이 부드럽게 변하자 마치 봄날 꽃비가 내리듯 하여 화사한

풍경에 도취한 채 다들 취하여 몸이 스르르 풀렸다. 이때 다시 음악이 고조되자 마치 전투에 나선 백만 병사의 함성처럼 정신을 번쩍 들게 하였다. 이마지의 음악이 변화될 때마다 사람들은 모두 그 음악에 의해 넋을 빼앗겼는데, 원망의 곡조에 눈물을 흘리기도 하고 뭔가에 흔들리듯 몸을 일으키기도 했다. 그러다가 곡이 마무리될 즈음에는 모두 말을 잃고 적막한 기운만이 좌중을 누르고 있었는데, 이때 이마지가 악기를 놓고 다음과 같이 탄식했다.

"인생 백 년도 순식간이고 부귀영화도 일장춘몽이니, 영웅호걸의 기상도 그가 죽고 나면 누가 알겠는가. 다만 문장에 능한 사람은 글을 남기고 서화에 능한 사람은 그 작품을 남겨 후세에 전할 수 있다. 후인들이 그것들을 비교하여 그 뛰어남을 평가할 수 있으니 천년만년이 지나도 마찬가지이다. 하지만 나 같은 이는 몸이 풀잎 이슬처럼 사라지고 나면 연기가 사라지고 구름이 없어지듯 하니, 비록 '이마지가 음악에 뛰어났다'고 전한들 후대 사람들이 무엇을 갖고 그 능력을 품평할 수 있겠는가? 호파(瓠巴)와 백아(伯牙)*1와 같은 천하의 위대한 음악가들 역시 죽고 나

---

*1 중국음악사의 전설적 인물들이며, 위대한 음악가의 대명사로 사용된다. 호파는 슬(瑟), 백아는 금(琴)의 명인이었다.

면 그날 저녁에 이미 그 소리를 들어 볼 수 없었으니, 천 년이 지난 오늘날 무엇이 남았는가?"

　여기서 나타나는 것은 지금처럼 레코딩이 존재하지 않았던 시대, 음악가로서 자신의 능력과 이름의 근거로 남길 수 있는 명확한 '증거물'이 없다는 것에 대한 탄식이다. 글을 아는 지식인은 시나 문장을 남겨서 자신의 능력과 존재를 입증할 수 있고, 서화에 능한 사람은 글씨나 그림을 통해 역시 그 능력과 존재를 증명할 수 있다. 하지만 음악은 눈에 보이는 것이 아니다. 오늘날처럼 악보가 보편화된 시대도 아니었다.

　당시 사람들의 세계관에서 음악은 추상적인 것이고, '하늘이 내려서 사람에게 부여한'(「악학궤범 서문」) 것이었다. 지금은 음이라는 것이 물리적 현상임을 알지만 당시에는 신비하고 초월적인 것이었다. 그렇기에 음악가가 죽고 나면 그의 존재를 입증할 만한 자료는 아무것도 남지 않게 된다. 이마지는 자신의 이름에 대한 공명심이나 신분적 한계에 따른 울분이 아니라 음악가로서 남길 수 있는 것이 없음을 한탄한 것이다. 죽어서 단지 이름을 남기고자 하는 유교적 욕망을 넘어서, 실제 음악적 능력을 입증할 수 있는 장치의 부재를 아쉬워한 것이다.

표면적으로는 이마지의 말에서 드러나는 것은 그의 신분적 한계에 대한 토로가 아니다. 하지만 궁극적으로 이마지 욕망의 핵심은 결국 자신을 '남기는' 것에 있다. 그는 이미 당대 유명 문사(文士)들과 광범위한 교류를 하고 있었기 때문에 이름을 남기는 것은 이미 성취한 상태였다. 그렇기에 그것을 넘어서는 자기능력의 '물증'을 확보할 수 없음을 한탄한 것이다. 바로 이 지점에서 모순적 존재로서 악공의 삶을 살펴볼 수 있다.

이마지 같은 특별한 경우를 제외하면 대부분 악공은 이름도 남기지 못하고 불운한 삶을 살다가 이름 없이 세상에서 지워졌다. 그렇기에 그들은 대개 자신의 존재감을 확인하고자 하는 욕망을 강하게 가질 수밖에 없었다. 그들 중 다수는 고관대작의 행사에 초빙 혹은 동원되었고 화려한 공간과 사치스러운 소비문화를 가장 직접적으로 접한 이들이었다. 하지만 그들은 대개 행사를 위한 수단으로 동원되다가 이내 잊혀졌다. 가장 화려한 공간의 기억, 그리고 가장 쓸쓸한 퇴장, 이 양자의 괴리가 바로 악공들이 가질 수밖에 없는 모순적 삶의 모습이라고 할 수 있는 것이다.

그렇다 보니 유명 음악가 중에는 이러한 모순을 보상받

기 위한 삶의 태도에 집착하는 모습을 보이곤 한다. 비록 쓸쓸하게 지워질 존재라 하더라도, 천대받은 삶의 기억을 보상받기 위해 오히려 더 적극적으로 '선비'적 삶을 지향하려는 이율배반적 실천을 하게 되는 것이다. 자신이 함부로 천대받지 않을 존재임을 스스로 입증하고 과시하여 심리적 보상을 받고자 할 때 나오게 되는 전형적인 태도는 그 사회 지배계급의 가치관과 행동양식을 적극적으로 실천하는 것이다. 조선 후기 가장 유명한 거문고 연주자인 김성기의 삶은 이런 모습을 잘 보여 준다.

김성기는 이마지보다 훨씬 후대인 18세기 대표적인 거문고·퉁소·비파 연주자였지만, 이마지 못지않게 설화적 요소가 가미되어 기록되어 있다. 김성기 역시 당시 가장 유명한 음악가였고, 여타 유명 음악가들과 마찬가지로 서울의 고관대작 행사와 연회에서 그를 초빙하지 못하면 부끄러움으로 여겼다고 전한다. 또한 종친을 비롯한 여러 고관·문사들이 그에게 거문고를 배웠다. 그렇다 보니 기록을 남긴 이들에 의해 신비화되었고, 그의 삶은 설화적 요소가 가미되어 미화되었다.

그는 마치 시대를 잘못 만난 은둔자처럼 묘사되었는데,

조선시대 서강(지금의 서강대교, 양화대교 일대)은 경치가 수려한 탓에 세상 풍파를 잊은 은둔의 공간으로 등장하곤 했다. 만년에 그는 서강에 은거하면서 낮에는 강가에서 낚시를 즐기고 달 밝은 밤이면 배를 타고 강 중간까지 나와서 거문고나 퉁소를 연주했는데, 그 소리를 듣고 사람들은 자리를 뜨지 못했다고 한다. 스스로 호를 조은(釣隱, 낚시 즐기는 은둔자)이라고 했는데, 이런 묘사는 흔하게 등장하는 은일자의 모습이다.

김성기와 관련하여 아주 잘 알려진 일화가 목호룡이라는 인물에 관한 것이다. 목호룡은 거짓 고변으로 신임사화(1722)를 불러일으킨 인물이었는데, 당시 그로 인해 역모로 몰린 60여 명이 처벌되었다. 목호룡은 공을 인정받아 동성군(東城君)에 봉해졌고 동지중추부사를 제수받았다. 권력을 얻은 목호룡은 기세가 등등했는데, 많은 권력자처럼 그도 술자리에 김성기를 불러오게 했다. 내키지 않았던 김성기가 여러 차례 병을 핑계대고 가지 않자 목호룡이 화를 내어 당장 오지 않으면 가만두지 않겠다고 하는 상황에 이르렀다. 그러자 김성기는 악기를 집어던지며 '내 나이 70인데 어찌 너희를 두려워하겠는가. 무고한 사화를 일으켜서 사람 죽이기를 잘한다니 나도 한번 죽여 보라'라고 했다는 일화이다.

이 말을 듣고 목호룡은 잔치를 파했다고 하는데, 사실 이는 과장이 심하게 가미된 것이라고 보아야 한다. 김성기가 이 사건 이후 거문고를 부수고 다시는 연주하지 않았다는 말도 있다. 신분적으로 하층민이었던 악인이 당대 권력자에게 이런 식으로 대응했다는 것도 과장이거니와 김성기의 말을 듣고 목호룡이 잔치를 파했다거나 김성기가 거문고를 접었다는 이야기 역시 김성기를 미화하기 위한 과잉 수사에 해당한다고 볼 수 있다.

하지만 은둔자의 삶을 흉내 내거나 지조 있는 선비의 절개를 흉내 내는 이러한 행동은 신분적 질곡이 주는 억압적 환경 속에서 자신의 존재의의와 자기 음악의 값어치를 보상받기 위한 심리가 기저에 있는 것으로 볼 수 있다. 몸은 낮은 계급이지만 정신은 그렇지 않다는 자기 위안이야말로 모순적 존재로서 악공들이 신분사회에서 살아갈 수 있는 내적 동력이었다고 할 수 있다.

김성기가 살았던 18세기는 이마지의 시대(15세기)에 비해 이미 악보의 유통이 활발한 시대였다. 김성기에게 거문고를 배운 여러 문인들에 의해 김성기의 음악은 악보화되어 유통되었는데, 『낭옹신보(浪翁新譜)』(1728)와 『어은보(漁隱譜)』

(1779)라는 악보가 지금까지 전한다. 여기서 낭옹(浪翁), 어은 (漁隱)은 모두 김성기를 지칭하는 말이다. 모순적 존재로서 악공의 삶과 내면은 악보를 통해 오늘 우리를 호출하고 있는 것이다.

2장
잊혀진
'제승구'

　기록에 남아 있는 조선시대 음악가들의 모습은 인격체이기 이전에 '도구'로서 존재한 측면이 강하다. 그들이 신분적으로 하층이다 보니, 문헌에서 연주자들의 활동을 살펴볼 수 있는 글 중 가장 많은 양을 차지하는 것은 사족(士族)들의 유기(遊記, 기행문) 내지 유람기들이다. 식자층이 남긴 문집기록 중 유람기는 16세기 이후 급격하게 양이 늘어나는데, 당시 유람문화가 유행처럼 퍼지면서 다양한 이들에 의해 유람기가 작성되었다. 산천을 유람하고 주자의 가르침을 체득하고자 하는 유행은 유교적 가르침의 실천이기도 하지만 여기에는 반드시 악인(樂人, 음악가)들이 수반되었다. 이때 악인은 유람에 필요한 '도구'로 여겨졌다.

유람과 악인

양대박(梁大樸)의 「두류산기행록(頭流山紀行錄)」에서 악공은 '제승구'(濟勝具, 산천을 유람할 때 필요한 도구)로 명시되어 있다. 제승(濟勝)이란 산천을 두루 유람한다는 말이다.

> 이때는 9월 2일이다. 노래하는 애춘(愛春), 가야금 하는 수개(守介)와 대금의 생이(生伊)를 산행에 대동했는데, 이들은 또한 모두 제승구였다.
>
> — 양대박(梁大樸), 『청계집(靑溪集)』 「두류산기행록(頭流山紀行錄)」

이처럼 악인은 유람의 도구로 인식되었는데, 사실 제승구로서 가장 중요한 것은 유람하는 사람 본인의 건강한 신체라고 할 수 있다. 특히 튼튼한 다리가 가장 중요한 제승구지만, 동시에 없어서는 안 되는 제승구 중 하나가 바로 악인이었던 것이다. 연주자가 따르지 않는 유람이나 산행은 있을 수 없는 것이었으며, 악인을 구할 수 없는 상황이거나 지인이 악인 없이 유람을 떠난 사실을 알게 될 때는 그 지역 관노를 보내 주는 것이 예의였다.

음식과 짐을 실어 나를 여러 하인과 함께 악인의 존재는 필수적인 것이었다. 이처럼 유람할 때, 특히 전국의 명산을 오를 때 악공이 필요한 이유는 첫 번째는 길을 잃기 쉬운 산행에서 길잡이 역할과 악기를 통한 일행 간 신호의 역할 때문이었고, 두 번째는 음악을 통해 신선의 분위기를 조성하기 위해서였다. 후자가 특히 중요한데, 계곡이나 정상에서 악기를 연주시키면서 신선의 멋을 내고자 하는 경우가 많았으며, 이 때문에 연주자를 절벽 위나 소나무 뒤에 숨어서 연주하도록 하는 경우가 많았다. 이를 통해 호연지기(浩然之氣)의 자족감을 얻고자 했던 것이다. 따라서 악기는 주로 휴대가 간편한 관악기가 선호되었고, 특히 대금이나 퉁소가 가장 광범위하게 사용되었다.

유람에서 음악이 사용되는 방식이나 분위기는 조선 전기부터 후기까지 거의 모든 유람기에서 대동소이하다. 이정귀(李廷龜)의 금강산 기행을 예로 들어 보면, 그는 현직 예조판서로서 함흥에 일을 보고 오는 길에 금강산을 유람했는데, 그때 서울을 떠나면서 별도의 하인을 동반하지는 않고 적공(笛工, 대금 악공) 함무금만 데리고 떠났다. 그리고 현지에서 흡곡 수령이었던 석봉(石峯) 한호(韓濩)와 간성 수령 최립(崔岦)이 합류했다. 그리고 주요한 장소에서 반드시 함무금에게 악기를 불게 했다.

예를 들어 함흥의 만세교 다리 위 경치 좋은 곳에 도착하자 이정귀는 함무금에게 대금 한 곡조를 불게 했다. 대금 소리를 들으면서 사방을 돌아보니 자신이 시원한 강물 위에 신선으로 떠 있는 것처럼 느껴졌고, 취흥에 술을 몇 잔 더 마시며 돌아갈 것도 잊어버렸다. 본격적으로 금강산에 들어가서는 만폭동에 이르러 바위에서 술을 마시고 술기운이 무르익자 함무금을 시켜 몰래 봉우리 정상 쪽의 소나무가 우거진 곳에서 가늘게 대금을 불게 했다. 그 소리가 하늘에서 아득하게 들려오는 듯했는데, 마치 신선의 음악인 듯 착각하게 했다.

이렇듯 주로 신선의 감흥을 위해 악기 연주를 활용했는데, 이 때문에 악인은 가파른 절벽 위나 거친 소나무 숲에서 악기를 불어야 했다. 산에서뿐만 아니라, 이해조(李海朝, 숙종 때 학자로 대제학과 전라도 관찰사를 지냈고 시문에 뛰어났다)의 『명암집(鳴巖集)』에 실려 있는 「정방연(正方淵)」을 보면, 제주도 정방 폭포 위에서 악기 연주자와 노래하는 이들을 시켜서 음악을 연주하게 했다는 사실을 살필 수 있다. 이런 악기 소리는 듣는 이로 하여금 탈속적 정취에 젖게 하여 자기만족을 가질 수 있게 하는 것이었다. 다음의 몇 가지 예를 보면 악기 연주를 통해 사족들이 얻고자 하는 심리가 어떤 것인지 알 수 있다.

궁벽한 곳에 살다 보니 여태 제대로 된 음악을 듣지 못했습니다. 지금 선악(仙樂)을 듣고서 먹었던 귀가 잠시나마 밝아졌으니 어찌 큰 행운이 아니겠습니까?

— 남효온, 「송경록(松京錄)」

경치만 빼어날 뿐 아니라 오늘 다행히 신선들의 모임을 만났으므로 저희는 정취가 일고 음조(音調)가 절로 높아져 마치 귀신이 도운 듯했습니다.

— 이정귀, 「유삼각산기(遊三角山記)」

반야대에 올라 몸을 숨기고 부드러운 소리를 내니, 옥 같은 맑은 소리가 멀리 구름 낀 하늘까지 닿아 마치 왕자진(王子晋, 신선)의 경지인 듯하였다.

— 김득연, 「유청량산록(遊淸涼山錄)」

말에서 내려 교량 위에 앉아서 노랫소리와 대금 소리를 들으니 그 소리가 매우 맑고 청아해서 신선이라도 될 듯했다.

— 송방조, 「유향산일기(遊香山日記)」

일행과 구룡봉에 올라 앉아 악공에게 대금을 불게 하고 술을 몇

잔 마시니 표연히 우화이등선(羽化而登仙) 하는 듯했다.

– 김태일, 「유월출산기(遊月出山記)」.

이처럼 기행·유람에 있어 악인이 효율적인 '도구'로 인식되자 유명 인사가 유람을 하게 되면 지역 고을 수령들이 관노나 지역 악공들을 보내는 것이 예의였다. 예를 들어, 채팽윤[蔡彭胤, 18세기 문신으로 시문과 글씨에 뛰어났으며 이수대(李遂大)·오상렴(吳尙濂)과 함께 삼문장(三文章)으로 불렸다]이 오대산 유람을 할 때는 강릉부사가 악공을 한 사람 보내 주면서 '대금 소리에 가을 산월을 기탁하면 절묘함으로 세속의 먼지를 털어낼 수 있을 것입니다'라고 했다. 악인은 사족들이 세속의 먼지를 털어 내기 위해 필요한 도구로 이해되었던 것이다.

이희조[李喜朝, 숙종 때 문신으로 대사헌을 지냈고 『지촌집(芝村集)』을 남겼다]가 강원도 고성과 금강산 유람에 나서자 고을 수령이 현악기 연주하는 기생 몇 명과 응룡(應龍)이라는 악공을 준비시켰는데, 이희조는 기생은 사양하고 응룡만 대동하고 여행을 떠났다. 이행(李荇, 중종 때 문신으로 문장에 뛰어났고, 기묘사화 이후 이조판서, 우의정, 좌의정 등을 거쳤다)이 가야산 산행에 나섰을 때는 수령이 대금 연주하는 악공을 보내 주었고, 나중에 악공이 돌아갈 때는 이행이 시를 지어 주기도 했다.

가야산 물은 매우 푸른데(伽倻山水十分清)

술 취한 후 단적(短笛, 짧은 대금)을 불게 한다(醉後仍敎短笛横)

우습구나 그대는 너무나 대범하여(堪笑吾君太坦率)

기이한 절예(絶藝)를 모두 나에게 주었구나(盡將奇絶與狂生)

— 이행(李荇), 『용재집(容齋集)』 「남유록(南遊錄)」

이런 예는 부지기수로 많기 때문에 일일이 열거하기는 어렵지만, 당시 유람에는 악인이 있어야 한다는, 일종의 필수품처럼 악인을 취급하는 관습이 있었던 것이다.

주자와 신선을 향한 욕망

사족들이 유람과 산행에 집착했던 이유는 주자를 본받고자 하는 욕망 탓이었다. 유교적 지식인들은 산수를 심성수양의 공간과 호연지기 배양의 지점으로 인식했다. 탈속과 신선의 공간, 주자를 흠모하는 공간, 옛 가르침을 떠올리는 공간, 자기반성과 구도(求道)와 내면정화의 공간, 그리고 자신의 초연한 삶의 욕망적 공간으로 산수를 활용했다. 이는 조선 중기 이후 명나라 유기(유람기) 문화가 수입되면서 보편화된 것이었다.

직접 산을 찾을 수 없을 때는 유람의 글을 읽거나 방안에 산수화를 걸어 두고서 심리적 차원에서라도 산수를 찾고자 했는데, 이를 와유(臥遊)라고 했다. 그만큼 유람과 산행에 대한 욕망은 컸던 것이다. 이러한 산수유람에는 일정한 형식 혹은 격식이 필요한데, 함부로 방탕하게 놀지 않고 지나침이 없는 중용의 도를 잃지 않기 위해서다. 음악은 그러한 형식·격식의 주요 요소 중 하나이자 도구였던 것이다.

유람의 절대다수를 차지하는 곳은 금강산이었으며, 그 다음이 지리산, 청량산 순이었다. 중국의 설화 속에 나오는 삼신산은 봉래산, 방장산, 영주산인데, 이를 조선에 적용시켜서 금강산은 봉래산, 지리산은 방장산, 한라산은 영주산으로 일컬었다. 다만 한라산은 지리적 여건 때문에 쉽게 찾을 수 없는 곳이었으며, 이에 따라 금강산과 지리산이 유람지로 주목받았다. 실제로 조선시대 유람기 중에서 금강산과 지리산 기행의 기록이 절반 가까이 차지한다. 청량산은 조선 성리학의 중심지였던 경북 북부에 위치한 곳이었기 때문에 지리적 근접성이 유람의 주된 동인으로 작용했다.

유람에 동원된 음악가들은 많은 경우 이름 없이 '적공(笛工, 연주자)' 혹은 '영인(伶人, 광대)' 정도로만 기록되어 있으며, 이는 악기연주자 혹은 광대 정도로 이해되는 존재였던 것이다. 이때 연주자나 광대는 인격체라기보다는 도구적 존재로서 의미가 강하다. 이름이 기록되어 있는 경우도 그 이름이 기록에서 중요성을 갖는 것은 아니며, 이내 곧 잊힌 존재처럼 지워지게 된다. 대부분 유람에 동원되었던 음악가들은 역사 속으로 사라졌으며, 사람들의 기억 속에서 중요한 부분을 차지하지 못했다.

반면 그들의 음악은 유람의 중요한 요소로 각인되고 있었다. '잊혀진 제승구'로서 음악가들과 '핵심요소'로서 음악의 대비가 조선시대 산수유람의 이중성이었다. 보다 구체적인 몇 가지 장면들을 보면 좀 더 생생하게 악인들의 '동원'을 살펴볼 수 있다.

1) 소동파의 「적벽부」를 따르다(김성일의 「유적벽기(遊赤壁記)」)

전라남도 화순 적벽은 중국 적벽을 연상시키는 기암들이 늘어서 있는 절경이다. 중국 장강의 적벽은 소동파 「적벽부(赤壁賦)」의 현장이기에, 조선 지식인에게 화순 적벽은 소동파를 따르고자 하는 욕망을 투사시킬 수 있는 공간이기도 했다.

1586년(선조 19) 당시 전라도 금성(지금의 나주) 목사로 있던 김성일(金誠一)은 인근 동복(화순) 지역 현감인 김부륜(金富倫)

의 초청을 받아 적벽 유람에 나섰다. 그리고 유람의 모든 설정을 소동파의 「적벽부」에 부합하도록 했다. 「적벽부」의 배경이 7월 16일이기 때문에 유람도 이날에 맞추고, 역시 「적벽부」에 등장하는 퉁소도 필수적이었다. 군자의 유람에 거문고도 빠질 수 없으니 거문고 연주자인 황복이라는 인물을 대동했다. 그 밖에 몇몇 기녀와 악공들도 동반했다. 소동파가 벗들과 함께 적벽을 갔듯이 김성일 일행 역시 화순 일대의 몇몇 선비들과 함께 유람에 나섰다. 「적벽부」의 배경이 달 밝은 밤이니 김성일 일행 역시 밤에 적벽에 도착하도록 일정을 짰다.

둥근 달이 밝게 비추는 적벽에는 초가을 바람이 불고, 하늘에는 구름 한 조각 없고 땅에는 티끌 하나 없었다. 적벽 위로는 긴 은하수가 흐르고, 적벽 이름에 걸맞은 수많은 절벽이 달빛을 반사하며 강물에 흔들리고 있었다. 김성일 일행은 마침내 신선의 세계에 들어섰음을 느꼈다. 이럴 때 신선의 분위기를 살리고 흥취를 돋우기 위해서 음악이 필수적이다.

동복 현감 김부륜이 악인들에게 「채릉가(采菱歌)」와 「백빈가(白蘋歌)」를 노래하게 했다. 하지만 김성일은 노래를 그치게 하고 '그런 노래 말고, 오늘 같은 밤에는 소동파의 「적벽부」를 불러야 한다'고 했다. 그리고 「적벽부」 시를 읊조리면서 악인에게는 통소를 불게 했다. 그리고 함께 간 황복에게 거문고로 화답하게 했다. 이어서 퇴계선생의 시를 읊었다. 그리고 「적벽부」에서 묘사한 것처럼 밤새도록 배 위에서 술을 마시면서 노닐었다. 이렇게 소동파를 호출한 김성일은 다음날 날이 밝자 "우리가 말 없는 가운데에서 마음으로 터득하여 쉼 없는 공부를 한다면, 굳이 뛰어난 문장으로 자신의 이름을 남기지 않는다 하여도 충분한 의미가 있을 것이다"라는 교훈으로 유람을 마무리한다.

2) 청량산에서 신선을 접하다(주세붕의 「유청량산록(遊淸涼山錄)」)

백운동 서원을 세우고 주자를 본받고자 했던 주세붕(周世鵬)은 1544년(중종 39) 4월 9일 이원, 박숙량, 김팔원, 아박 등 네 사람과 함께 경북 청량산으로 출발했다. 이때 안동의 귀혼이라는 악인을 시켜 길을 안내하게 했다. 가는 길에 농암(聾巖) 이현보(李賢輔)의 집에 들러 쉬면서, 함께 바둑을 두다가 술도 마시고 기생들에게 가야금과 거문고를 연주하게 하면서 「귀거래사(歸去來辭)」와 「귀전원부(歸田園賦)」, 「장진주사(將進酒辭)」 등 여러 시를 읊었다.

4월 12일에 이원과 박숙량이 앞서 귀혼을 동반하고 나섰

는데, 푸른 숲 사이에 이들의 모습이 가려졌다가 다시 보이
는 것이 마치 다른 세계에 와 있는 것 같았다. 그들이 먼저
치원대(致遠臺)에 이르러 대금을 불자 그 소리가 높게 퍼져서
마치 절벽을 뚫고 나가는 것 같았다. 주세붕이 치원대에 이
르렀을 때는 사람은 보이지 않고 대금소리만 울리고 있었
다. 그것은 마치 신선의 소리와도 같았다. 귀흔에게 층암절
벽 위에 몸을 숨기고 연주하게 했기 때문이었다. 이 분위기
에서 중요한 것은 악기를 연주하는 사람의 안전이나 노고
가 아니라 악기 소리이다. 연주자는 가능하면 보이지 않아
야 신선의 감흥을 더할 수 있다고 여긴 탓이다.

다음날에 극일암 위쪽의 가파른 바람굴에 올랐는데, 아
득한 창공을 바라보며 귀흔에게 「보허자(步虛子)」를 불게 했
다. 「보허자」는 신선의 발걸음과 관련이 있다고 여겨지는
음악이다. 신선이 되고자 하는 욕망, 신선의 세계를 묘사하
고 그곳에서 흥취에 젖고 싶은 욕망을 위한 최적의 음악이
라고 할 수 있다. 이 때문에 조선시대 유람에서 「보허자」는
가장 자주 연주되는 악곡 중 하나였다.

이 악기 소리가 반공에 흩어지는 것을 감상하면서 다들
흡족했다. 해가 지자 사찰 문수사에 이르렀는데, 이때도 귀
흔이 먼저 도착해서 대금을 불며 기다렸다. 악기 소리가 부

드럽게 메아리치는 것을 들으면서 일행은 산사에서 묵었다.

악인은 천민이기 때문에 가능하면 눈에 보이지 않아야 하고, 악기 소리는 신선의 흥취를 북돋우는 것이기 때문에 가능하면 중요한 지점마다 있어야 했다. 그러므로 악인은 늘 먼저 도착해서 몸을 숨기고 악기를 연주해야 했다. 그들은 언제나 산수유람의 도구였던 것이다.

3) 신선의 옥적 소리를 듣다(이동항의 「방장유록(方丈遊錄)」)

18세기 학자 이동항(李東沆)은 1790년(정조 14) 3월 28일부터 5월 4일까지 이헌우, 박성수, 조택규 등과 함께 지리산을 유람했다. 한 달이 넘는 긴 유람이었다. 출발한 다음날 김치강이 대금 연주자를 데리고 와서 함께했다. 4월 8일에 신명열(愼命說)의 집에 갔는데, 거기에서 미수(眉叟) 허목(許穆)의 옛 거문고를 구경했다.[2] 조선 후기에는 오래된 거문고를 구경하거나 소유하는 것이 유행처럼 퍼졌었다. 오래된 사찰의 기둥이나 벼락 맞은 나무처럼 특별한 재목이 있는 경

---

[2] 허목(許穆, 1595-1682)의 집에는 적송금(赤松琴)이라는 오래된 거문고가 있었고 허목의 부친 허교(許喬) 또한 거문고 고조(古調)를 좋아했다고 한다. 적송금 외에도 허목의 집에는 신라 경순왕(재위 927-935)의 흔적을 간직한 거문고도 있었다고 한다. 다만 신라시대 거문고의 진위 여부는 확인할 길이 없다.

우 악기 제작 용도로 윗사람에게 선물하는 경우도 많았다. 땔감이 부족하던 시절에 땔감으로 쓰기 위해 보관하던 나무가 오래된 거문고 몸판임을 알아본 이에 의해 '구조'되는 경우도 많았다. 허목은 음악에 대해 많은 연구를 하고 기록도 많이 남긴 인물이다. 이 허목의 거문고는 처음에는 경주 사람이 가지고 있던 것인데, 이 역시 아궁이에 땔감으로 쓰려던 것을 어떤 거지가 훔쳐다가 산골짜기에 버려둔 것이었다. 이것을 신명열이 다시 수리해서 겨우 본 모습을 되찾은 것이었다.

마침내 4월 18일에 천왕봉 바로 아래 제석당에 올라 묵으면서 다음날 새벽 일출을 보고자 했다. 밤에 별빛이 쏟아지는 능선 위에서 대금 연주자에게 「보허자」 한 가락을 불게 했다. 이런 경우 흔히 등장하는 비유가 바로 '신선의 옥적(옥으로 만든 관악기) 소리'이다. 탈속의 정취를 자아내는 대금 연주가 끝나니 날이 밝아오기 시작했다. 천왕봉의 일출은 악기 소리와 함께 신선 세계의 장면으로 사람들을 도취시켰다. 신선의 옥적은 신선이 부는 옥적이지만, 현실적으로는 악인이 부는 음악을 감상하는 사대부의 신선놀음을 위한 상징이었다.

악인의 필요는 정상에서만 있는 것이 아니다. 하산하면

서 시냇가의 넓은 바위에 앉아서 술을 마실 때, 대금 연주자에게 악기를 불게 하면서 즐기는 것 또한 필수코스다. 숙소인 절에 도착해서도 탈속의 분위기를 위해 멀리서 음악이 들려야 하는 것도 중요하다. 과연 사족들에게 악인은 제승구였던 것이다.

제승구로서 악인의 처지를 담은 조선시대 문집기록을 정리해 보면 다음과 같다. 유람기 내용에서 연주자 이름이 명시된 경우에는 표에 이름을 적었고, 이름이 없이 그냥 적공(笛工) 혹은 적노(笛奴), 영인(伶人) 등으로만 표기된 경우는 해당 악기만 적었다.

〈조선시대 유람기 속 악기와 악공〉

필자	유람기 제목	유람 연도	주요 등장악기와 연주자
남효온(南孝溫)	송경록(松京錄)	1485	거문고와 비파 이정은(李貞恩), 대금 송회령(宋會寧), 노래 석을산(石乙山)
김일손(金馹孫)	속두류록(續頭流錄)	1489	피리, 생황, 대금
남곤(南袞)	유백사정기(遊白沙汀記)	1510	노래, 피리, 태평소, 군악대
주세붕(周世鵬)	유청량산록(遊淸凉山錄)	1544	대금 귀흔(貴欣)
조식(曺植)	유두류록(遊頭流錄)	1558	대금 천수(千守)
양대박(梁大樸)	금강산기행록(金剛山紀行錄)	1572	해금, 태평소
김득연(金得硏)	유청량산록(遊淸凉山錄)	1579	대금, 노래
정구(鄭逑)	유가야산록(遊伽倻山錄)	1579	대금
조호익(曺好益)	유묘향산록(遊妙香山錄)	1585	대금
양대박(梁大樸)	두류산기행록(頭流山紀行錄)	1586	노래 애춘(愛春), 가야금 수개(守介), 대금 생이(生伊)
김성일(金誠一)	유적벽기(遊赤壁記)	1586	거문고 황복(黃福), 노래, 퉁소
이정구(李廷龜)	유금강산기(遊金剛山記)	1603	대금 함무금(咸武金)
이정구(李廷龜)	유삼각산기(遊三角山記)	1603	대금 억량(億良), 거문고 이용수(李龍壽)
송방조(宋邦祚)	유향산일기(遊香山日記)	1610	거문고 이생(李生), 대금 성발(成發), 노래 진개(陳介)
유몽인(柳夢寅)	유두류산록(遊頭流山錄)	1611	비파, 대금
신익성(申翊聖)	유금강소기(遊金剛小記)	1613	대금, 태평소, 노래
유진(柳袗)	유청량산일기(遊淸凉山日記)	1614	초적
김영조(金榮祖)	유청량산록(遊淸凉山錄)	1614	초적
조위한(趙緯韓)	유두류산록(遊頭流山錄)	1618	노래, 대금
양경우(梁慶遇)	역진연해군현잉입두류상쌍계신흥기행록(歷盡沿海郡縣仍入頭流賞雙溪新興紀行錄)	1618	비파, 대금, 북

허돈(許燉)	유가야산기(遊伽倻山記)	1625	대금 이남(李南), 노래
박장원(朴長遠)	유두류산기(遊頭流山記)	1643	대금
박장원(朴長遠)	유청평산기(遊淸平山記)	1651	대금 일천(一千)
김지백(金之白)	유두류산기(遊頭流山記)	1655	퉁소
김창협(金昌協)	동유기(東遊記)	1671	대금
임홍량(任弘亮)	관동기행(關東記行)	1688	대금 응룡(應龍), 거문고
김태일(金兌一)	유월출산기(遊月出山記)	1691	대금
유척기(俞拓基)	유가야기(游伽倻記)	1712	대금
정식(鄭栻)	청학동록(靑鶴洞錄)	1743	퉁소 김윤해(金潤海) · 현덕승(玄德升)
송환기(宋煥箕)	청량산유람록(淸凉山遊覽錄)	1761	퉁소, 대금
서명응(徐命膺)	유백두산기(遊白頭山記)	1766	대금, 해금
이덕무(李德懋)	계사춘유기(癸巳春遊記)	1773	가야금, 해금, 노래, 풀피리
이만운(李萬運)	촉석동유기(矗石同遊記)	1783	대금
성대중(成大中)	청량산기(淸凉山記)	1784	퉁소 김홍도(金弘道)
이동항(李東沆)	방장유록(方丈遊錄)	1790	대금
이상룡(李相龍)	유청량산록(遊淸凉山錄)	1882	대금, 거문고

3장
걸시의
욕망

걸시(乞詩)는 '시를 구걸하다'는 의미이다. 시를 부탁(요청)
한다는 뜻을 갖기 때문에 구시(求詩)와 거의 유사하게 사용
되지만, 구시보다는 좀 더 강한 부탁(요청)의 의미를 갖는다.
조선시대 시(5언시나 7언시를 의미하며 국문시가를 지칭하지 않는다)를
지을 줄 아는 사인(士人)에게 시를 부탁하는 경우는 매우 흔
하게 발견되는데, 구시가 시를 부탁하는 주체에 대한 존중
감을 갖고 있는 반면에 걸시는 의미상 그런 존중감이 없으
며 상황에 따라서는 비하의 어감도 내포할 수 있다. 그러므
로 걸시는 주로 신분적 하층에 속하는 이가 사인에게 시를
부탁할 때 사용되었다. 때로는 걸시와 구시가 거의 같은 의
미로 통용되기도 했다.

시를 구걸한다는 것

조선시대에 걸시 및 구시에 대한 기록이 가장 많이 발견되는 경우는 승려와 관련이 있다. 심수경[沈守慶, 16세기 문신으로 대사헌과 우의정에 올랐고 청백리로 녹선(錄選)되었다]의 『견한잡록(遣閑雜錄)』에서도 '승려들이 벼슬아치들과 유생(儒生)들에게 시를 부탁해서 보배로 삼는데, 이것이 승려들의 오랜 습속이다'라고 적었다. 실제로 걸시가 승려의 오랜 고풍이라는 것은 여러 기록을 통해 확인할 수 있다.

불교사회였던 고려시대에도 이미 승려의 걸시는 있었으며, 고려 말 문장가인 이규보(李奎報)는 「벗과 함께 술을 마시는데 승려가 와서 걸시했다」는 제목의 시를 지었고, 민사평[閔思平, 고려 말 문신으로 『급암선생 시집(及菴先生詩集)』이 유명하다]의 「우곡의 시에 차운하다」라는 시에서는 '걸시하는 승려는 자경상을 바치고 시인은 시구를 얻자 때때로 눈가에 기쁜 빛이 일어나네'라는 표현을 볼 수 있다.

조선시대의 승려 걸시에 관한 기록은 너무 많기 때문에 일일이 열거하기 어렵다. 몇 가지 예를 들면, 장유[張維, 17세기 문신으로 서화와 문장에 뛰어나서 이정구(李廷龜)·신흠(申欽)·이식(李植) 등과 함께 대표적 문장가로 평가된다. 거문고를 좋아했던 인물이기도 하다]의 시 중에 「한가로운 날 감흥이 일어나기에 기옹과 함께 천장을 방문하니 천장이 우리를 위해 감주를 내놓았다. 그때 마침 승려가 찾아와 걸시하니 모두 함께 시권(詩卷) 속의 시에 화운(和韻)하면서 앉아 있다가 캄캄한 밤이 되어서야 헤어졌는데, 천장이 시를 보내 왔기에 마침내 이에 화답하다」라는 제목이 있다. 남구만(南九萬, 숙종 때 문신으로 대제학, 영의정 등 요직을 두루 거쳤고 당시 정치의 중심적 인물이었다. 시조 「동창이 밝았느냐」의 주인공으로 알려져 있다)의 시 「백암사(白巖寺)에서 포은(圃隱)의 시운에 차운하다」에서는 '돌아갈 적에 걸시하는 승려에게 말해 주노니 이곳의 기이한 구경거리 다 표현하지 못하겠네'라는 구절을 살필 수 있다.

승려 외에 기생에 대한 기록에서도 걸시에 관한 내용이 많이 발견되며, 조선시대 악인들에게서도 걸시의 기록이 드물지 않게 발견된다. 악인들의 걸시 기록은 조선시대 전 기간에 걸쳐 등장한다.

16세기 전반 거문고 여류 명인이자 기생인 상림춘은 여성이면서도 당대 최고의 인기 있는 음악가 중 한 사람이었다. 조선시대 기록에 전하는 유명 기악연주자는 대부분 남성이며 여성은 매우 드문 편인데(여성의 이름은 기악보다는 노래에서 두드러지게 등장한다), 그런 면에서 거문고 연주자 상림춘은 예외적 존재에 가깝다고 할 수 있다. 『용재총화』의 저자이자 「악학궤범 서문」을 쓴 성현(成俔)은 그녀를 이마지의 뒤를 잇는 뛰어난 거문고 연주자로 언급했고, 여러 기록을 통해서 상림춘은 강장손(姜長孫), 김종손(金從孫)과 함께 16세기 초반의 대표적 거문고 명수(名手) 중 한 사람으로 기억되고 있다. 강장손의 호장(豪壯: 호탕하고 장중함)함과 김종손의 유심(幽深: 깊고 그윽함)함에 비해 상림춘의 거문고는 청화(淸和: 맑고 부드러움)함을 특장(特長)으로 삼았다. 김정국(金正國)은 유곤원(柳坤元)의 표현을 빌려서 상림춘의 거문고를 다음과 같이 표현했다.

뜰에 봄이 가득한데 백화가 가득 피고, 붉은 복숭아꽃과 푸른 버들이 드리운데 꾀꼬리가 여기저기 지저귀고, 그림 같은 누각 위로 어린 제비들이 여기저기 날고, 반쯤 감긴 주렴(珠簾) 그림자 하늘거리는데 옥 장식이 흔들리고, 물에 잠긴 향이 피어올라 자색 연기가 바람에 흩날릴 때, 상림춘이 담담하고 소박하게 꾸며서 섬섬옥수로 술대를 움직여 거문고를 타면, 마치 타행선자(他行仙子: 다른 세상의 신선)가 곁에 있어 한 잔의 맑은 차를 마시고, 아름답게 수놓은 요를 깔고 누워 비단 이불을 덮고서 눈을 감고 꿈을 꾸는 것과 같다.

이런 표현은 당대 문사가들로부터 상림춘의 유명세가 컸다는 점을 말해 준다. 그런데 어숙권(魚叔權)의 『패관잡기(稗官雜記)에 따르면 상림춘은 유명세에도 불구하고 걸시의 욕망이 컸다. 그녀는 일찍이 예조참판 신종호(申從濩)의 후원을 받았는데, 신종호가 종루(현 종각 주변)에 있던 상림춘의 집에 찾아와 다음과 같은 시를 지어 주었다.

도성 안 봄바람에 가랑비 지나가니(紫陌東風細雨過)

먼지 없이 깨끗한 곳에 버들가지 비껴 있네(輕塵不動柳絲斜)

열두 발 주렴 아래 옥 같은 미녀 있어(緗簾十二人如玉)

장안의 시인들 말 가는 대로 찾아드네(靑瑣詞臣信馬過)

이 시가 알려지자 기생으로서 상림춘의 유명세와 몸값은 두 배 이상 뛰었다. 시가 갖는 힘이 물질적 차원에서 증명된 것이다. 실제로 허균은 「학산초담(鶴山樵談)」에서 '똑같이 이름난 기생이라도 시 하나로 그 값을 올릴 수도 있고 내릴 수도 있다'고 하였다.

16세기 초에 이르러 상림춘이 이미 나이 70이 넘었는데, 그녀는 당대 가장 유명한 화가 이상좌(李上佐)에게 위의 시와 관련된 기억을 그려 달라고 했다. 그리고 위의 시를 그림 위에 쓰고 두루마리로 만들어서 문인들을 찾아다녔다. 시를 지어서 적어 달라고 부탁하기 위해서였다. 당시 정사룡(鄭士龍)은 시를 지어 주면서 '상림춘이 나이 72세지만 그 기예는 변함없고, 옛일을 생각하게 되면 연주하다 중단하고 눈물을 흘리기도 하며, 매번 시를 요청하면서(걸시) 자신의 이름을 후세에 남기고 싶어 한다'고 했다. 상림춘이 애원하면서 받았던 시 중에 김안국(金安國, 중종 때 문신·학자. 성리학적 이념의 실천에 힘쓴 인물이었다)의 시가 있었다.

> 몸의 자태에는 경국의 솜씨 아직 남아있어(容謝尙存傾國手)
> 슬픈 거문고 소리 야심사(夜深詞)*3를 연주하네(哀絃彈出夜深詞)
> 소리마다 원망하듯 인생의 황혼을 담으니(聲聲似怨年華暮)
> 덧없는 인생 늙음을 어이하겠는가(奈爾浮生與老期)

상림춘이 사인(士人)들의 후원을 받으면서도 걸시를 했던 이유는 '죽은 뒤에 이름을 남기고자' 하는 욕망 때문이었고, 아울러 시를 통해 자신의 이름값을 배가시킬 수 있었기 때문이었다. 보통 시에서는 다양한 비유와 상징을 통해서 실

---

*3 고려시대부터 조선전기까지 연주되던 악곡. 『고려사』와 『시용향악보』에 기록이 전한다.

제 모습보다 화려하고 과장된 묘사를 하게 된다. 사인들의 시에 악인이 언급되면 곧 시첩을 통해 예능 후원자들인 지식인 사회에 자신의 이름이 유통되게 되며, 그렇게 되면 예능인으로서 자신의 유명세가 강화된다. 이는 곧 당대 사회에서 자신의 존재가치와 경쟁력이 높아짐을 의미하게 된다. 그러므로 악인들의 걸시 욕망은 사후 이름을 남기기 위한 것도 있지만, 현세에서 자신의 사회적 인정 강화를 위한 것도 있다고 할 수 있다.

이정귀[李廷龜, 조선중기 문인으로 문장에 뛰어나 장유(張維)·이식(李植)·신흠(申欽) 등과 함께 한문사대가로 일컬어지기도 한다]는 당시 현직 예조판서로 함무금이라는 악인을 대동하고 금강산 유람을 하기도 하고 억량이라는 악인과 함께 삼각산 유람을 하기도 해서 악인에 대해 관심이 컸던 인물이었다. 그가 금강산을 유람할 때는 많은 인원을 수행하지 않으면서도 굳이 함무금만을 대동하고자 했고, 그의 삼각산 유람 기록에는 억량 외에 이산수, 이용수 등 17세기 당대 최고의 유명 악인들이 등장한다. 그런 이정귀가 1620년(광해군 12) 중국 사신으로 갔다가 돌아오는 길에 송도(개성)에 잠시 머물렀는데, 그때 그곳의 후진이라는 어린 악인이 이정귀에게 시를 부탁했던 기록이 있다. 이때 이정귀가 지은 시의 제목은 「송도 양희수(梁熙壽) 집안의 후진(後眞)이라는 아이가 있는데 이제 겨우 12살이지만 금(琴)을 잘 탔다. 시인 차운로(車雲輅)가 먼저 그에게 절구 한 수를 지어 주었고 여러 사람이 이어 화답하여 마침내 시축(詩軸, 시를 적은 두루마리)을 이루었다. 내가 송도에 머물 때 그 아이가 늘 찾아와서 금을 연주하였고, 송도를 떠날 때 전별의 술자리에서 그 아이가 시를 지어 달라고 부탁하였다. 이에 그 시축에 적어 주고, 작은 서문을 써 둔다」라는 긴 내용이다. 이 시의 서문에는 당시의 상황이 다음과 같이 기록되어 있다.

경신년 겨울, 내가 황제의 칙명(勅命)을 받들고 우리나라로 돌아와서 칙지(勅旨)를 기다리며 송도에 열흘을 머무는 동안 금(琴, 거문고 혹은 가야금)을 타는 아이가 매일같이 와서 금을 연주하여 적적함을 달래주었다. 길을 떠날 즈음 고을 수령이 천수원(天壽院)의 정자에서 나를 전별해 주었는데, 그 술자리에서 그 아이의 걸시 부탁이 매우 간절했다. 옛날 소동파는 7년 동안 황주를 다스리면서 술자리와 연회에서 붓을 곧잘 휘둘렀다. 그가 여주로 옮겨 갈 때 고을의 명망 있는 사족들이 전별을 베풀어 주었는데, 여기서 명기(名妓) 이의(李宜)가 나와 말하기를, '시침(侍寢)한 기생들은 모두 보배로운 글을 얻었는데 첩만이 성품이 졸렬하여 감히 우러러 청을 드리지 못하였으니, 구천(九泉)에서 한을 품게 될까 두렵습니다' 하니, 소동파가 웃으며 그녀의 옷깃에 적기를, '내가 7년 동안 황주에 머물면서 어찌하여 이의(李宜)에게는 한 마디 없었는가? 마치 서천(西川)의 두공부(杜工部)가 해당화를 비록 좋아했어도 그에 관한 시를 남기지 않은 것과 같도다' 하였다. 오늘 금 타는 아이의 요청이 바로 이와 유사하고, 나는 술 취했기에 마침내 소동파의 시에 차운하여서 준다.

위의 서문에 이어 시는 짧은 칠언절구로 작성되어 있다.

금 소리는 맑은 밤에 듣기 좋은데(琴聲縱好淸宵聽)
아이와 병객(病客)이 잘 맞지 않아서(丫髻殊非病客宜)
송도 열흘에 시 한 구절 없었으니(十日松都無一句)
공허히 소동파의 해당화 시를 읊조린다(空吟蘇老海棠詩)

이정귀의 기록을 보면 개성의 '금아(琴兒, 현악기 연주하는 아이)'는 이미 이정귀가 개성이 오기 전에도 유명한 시인인 차운로에게 시를 부탁하여 받은 적이 있다. 당대 유명 시인묵객이나 고관대작의 시는 어린 금아(琴兒)에게는 큰 영광이었을 것이다. 어린 악인의 입장에서도 시는 자신에게 '영예로움'을 선사하는 가치 있는 것이었다고 할 수 있다.

이처럼 사인들이 악인의 걸시에 응해서 지어 준 시는 다양한 공간에서 등장한다. 임억령(林億齡, 16세기 문신으로『석천집(石川集)』을 남겼다)은 「금(琴)을 잘 연주하는 사람이 시를 부탁하였다」라는 제목의 시를 남겼다.

> 서재는 적적하고 추월(秋月)은 높은데(寂寂書齋秋月高)
> 붉은 줄은 속인(俗人)의 가락을 타지 않네(朱絃不與俗人操)
> 마땅히 남훈곡(南薰曲, 순임금의 음악)을 표방하니(應須歸和南薰曲)
> 붉은 봉황이 편편히 하늘 끝에서 내려오네(丹鳳翩翩下九宵)

또한 성운[成運, 16세기 학자로 은둔적 시문을 많이 남겼으며『대곡집(大谷集)』이 전한다] 역시 「한화백(韓和伯)은 금(琴)의 명수로 세상에 유명하다. 나는 그의 음악을 듣고 매우 좋아했는데, 한군이 나를 따라와서 시 부탁하는 것이 간곡했다. 술자리에서 절구 하나를 지어 주어 그의 요청에 보답하였다」라는 제목의 시를 지었는데, 시의 내용은 다음과 같다.

호장(豪壯)함이 처음에 호수의 물결을 일으킬 것 같더니(豪壯初疑波動湖)

청원(淸圓)함이 섬세하게 들리니 구슬을 이어 놓은 것 같네(淸圓細聽似連珠)

곡이 끝나 여향(餘響, 남아 있는 소리)이 바람 따라 떠나니(曲終餘響風吹去)

멀리 봉황이 구름 끝에서 소리 내는 듯(離鳳一聲雲際呼)

이처럼 악인의 걸시 및 구시의 기록을 보면 대부분 금(琴, 주로 거문고)과 관련된 악인들이 사인에게 부탁한 경우에 해당한다. 다른 악기 연주자들과 관련된 걸시나 구시는 찾기 어렵다.

걸시의 이면

조선 후기 악인의 걸시 기록 중 가장 많은 기록은 거문고 연주자 이정엽(李鼎燁)과 관련되어 있다. 이정엽의 거문고에 대해서는 민우수(閔遇洙), 남유용(南有容), 이인상(李麟祥), 유언호(俞彦鎬) 등 여러 사인의 기록이 있다. 이는 모두 이정엽이 이들에게 걸시를 했던 결과이다.

18세기 유명한 서예가이자 문인화가였던 이인상(李麟祥)에게는 시뿐만 아니라 글씨(서예)까지 부탁하기도 했다. 이인상은 「거문고 연주자 이정엽에게 주다」라는 글에서 '어느 날 이정엽은 홀연히 강가에서 살다가 거문고를 가지고 나를 방문하여 옛 전서(篆書)로 용이 놀라는 소리를 써 줄 것을 부탁한 뒤 나를 위해 거문고를 연주했는데, 그 소리가 또한 평화로워서 들을 만하였다'고 하여, 글씨 부탁의 사실을 기록했다.

이정엽에 대한 기록에서는 대개 그의 거문고를 멋지게 묘사한다. 민우수[閔遇洙, 18세기 학자로 『정암집(貞菴集)』이 전한다]는 「이정엽을 추모하는 시」에서 이정엽에 대해 풍광 좋은 곳에서 거문고로 스스로 즐기는 여유로운 인물로 묘사했다.

가릉강(현 경기도 가평천)이 눈에 가득 들어오는 탁 트인 곳에 이정엽의 집이 있는데, 그윽한 마당에는 고석(古石, 넓고 반들반들한 돌을 비유)이 누워 있어 그는 늘 그 위에서 거문고 하나를 두고 연주했다. 조용한 밤이면 술이 가득한 술병을 놓았고 봄기운 무르익은 주변에는 아름다운 꽃들이 피어 있으며, 그림과 글들이 상자에 가득하니 풍운(風韻, 시구의 아름다움)이 모두 자랑삼을 만했다.

유언호(俞彦鎬, 18세기 문신. 정조의 뜻을 보좌하고 탕평책을 지지했으며 문장에 뛰어났다) 역시 「이정엽을 추모하는 시」에서 그 풍류를 부러워할 만한 인물로 묘사했다.

듣기에, 그가 거처하는 곳은 가릉(현 가평)의 경승지에 있는데 마당에는 고석(古石)이 있어서 그 모양이 평평하고 둥글어 상 모양과 같고 그 주변에는 오동나무 한 그루를 심었는데, 그 모양대로 둥근 원의 그늘을 만드니 이름을 탄금석(彈琴石)이라 하였다. 매일 그 위에서 거문고를 타면서 스스로 즐기니 나는 일찍이 그를 몹시 부러워하였다. 경오년 여름, 나는 일 때문에 남쪽으로 떠났는데 도중에 가릉을 지나게 되어 처음으로 그의 깊은 거처를 방문하게 되었다. 그곳은 평목 열매가 우거진 곳이었다. 탄금석에 앉아서 술을 들고 서로 즐겼으며, 거문고는 때마침 다른 사람이 가져간 상태여서 산수지음(山水之音, 천연의 소리)을 들을 수 없어서 아쉬움을 남긴 채 돌아왔다.

남유용(南有容, 영조 때 문신으로 청렴함과 문장 및 글씨로 유명했다)은 「이정엽이 나를 위해 거문고를 연주했는데, 고조(古調) 두세 가락을 연주하니 능히 누워 있는 병자에게 병을 잊게 할 만하고 그 뜻이 두터워서 사례하지 않을 수 없었다. 이정엽

에 대해 민우수가 시를 지었는데 그 시에 화답하는 시를 요
청해서 그에 응한다」라는 긴 제목의 시를 남겼다. 시의 내
용은 다음과 같다.

빼어난 소리 멀리 퍼지니(穎也傳聲遠)

외로운 봉황의 울음이 뭇 새들의 소리 위에 흩날리듯(孤凰破衆
喃)

응당 속된 이들의 귀를 놀라게 하니(應驚俗子耳)

옛사람들의 이야기와도 같네(似與古人談)

만고의 소나무와 풍석(風石)인 듯(萬古松風石)

한밤중 연못의 달그림자인 듯(中宵月影潭)

희음(希音, 세상에 보기 드문 소리)을 스스로 아끼니(希音須自惜)

매사에 탐욕이 생길까 걱정하네(能事怕生貪)

이인상(李麟祥)은 앞에서 언급한 글씨(서예) 관련 글 외에
「거문고 연주자 이정엽에게 주다」는 시에서 이정엽의 거문
고에 대해 다음과 같은 찬사를 보냈다.

이정엽은 옛말의 순수하고 담백한 것을 본받았으며 사물 바깥
에서 초연한 것 같으면서도 거문고를 가지고 시정 속으로 들어

온 것 같았다. 또한 그의 연주를 듣고자 하는 사람이 있으면 연주해 주기를 싫어하지 않았으니, 그는 달통한 사람이라고 할 수 있겠다. 금(琴)의 쓰임은 과연 고금아속(古今雅俗, 옛날 음악과 지금 음악, 아악과 속악)의 구분이 없는 것이로다.

이런 기록을 보면 이정엽의 거문고는 탁월할 뿐만 아니라 세속을 초월하는 경지에 이른 것처럼 보인다. 여러 문인이 찬사의 시문을 쏟아 놓았기 때문에, 기록만으로 보면 이정엽은 역사에 길이 남을 최고의 음악가처럼 해석될 수도 있다. 그러나 이런 기록은 걸시의 결과였다. 유언호는 다음과 같이 적었다.

이정엽은 나와 서로 알고 지낸 지 오래다. 매번 볼 때마다 허름한 옷과 짚신을 걸치고 짧은 거문고를 들고서 학자와 사대부들 사이를 다니면서 시문과 그림들을 많이 얻었으며 자루에 넘칠 정도가 되어 돌아왔다.

남유용 또한 이정엽은 걸시에 관한 한 탁월한 능력이 있다고 적었다.

이정엽은 걸시를 하는 방법에 대해 탁월한 이해를 하고 있다. 처음에는 걸시를 밝히지 않고 다만 거문고 음악 한 곡을 연주했었는데, 서재에 달이 밝아도 사람들은 일어날 줄 몰랐고 문득 거센 물보라가 한죽(寒竹)을 덮치는 소리가 들리더니 거문고 연주는 이미 끝난 후였다. 시들을 모아 시권을 내니….(후략)

이정엽은 남유용에게는 여러 차례 시를 부탁했던 것으로 보인다. 「이정엽이 또 와서 시를 구걸하였다」는 제목의 시가 남유용의 문집에 실려 있다. 이정엽은 이런 걸시의 결과로 시를 모아 책으로 펴낼 정도가 되었을 때, 시집의 발문을 쓴 김종수[鍾秀, 정조 때 문신으로 대제학, 우의정 등에 올랐고, 『몽오집(夢梧集)』이 전한다]는 이정엽에 관한 칭찬 일변도의 시들을 보면서 오히려 세속의 허영을 좇는 이정엽을 꾸짖었다.

이정엽은 거문고를 잘 탔다. 집은 가릉강가에 있는데 매양 거문고를 들고 서울에 오게 되면 사대부들이 그 음악을 듣고 시문으로 답례하였다. 나도 한두 번 거문고를 듣고서 그 시문들을 보았는데, 그것이 수십 개에 이르러 책을 이루었다. 그런데 대개 금(琴)의 도리를 장황하게 기술하고 이정엽의 기예를 과장하는 것이어서, 나는 몰래 탄식하였다. … 나는 일찍이 가릉강의 뛰어난 경치를 들었는데, 강에 임해 있으면서 집은 십수 채이고 밭도 수십 묘가 있다. 문밖에는 큰 바위가 반석처럼 버티고 있으며 그 옆에는 오동나무를 심어서 너울너울 그늘을 이루었는데, 돌 위에 앉아도 여유가 있었다. 이정엽은 아침저녁으로 그 위에서 거문고를 타고 노래를 했는데, 족히 음악으로 근심을 잊을 수 있었으니, 굳이 번잡한 도성 안을 왕래하면서 사람들의 시문을 많이 얻은 후에야 즐거워할 필요가 있겠는가.

이정엽에게 시는 일종의 기예에 대한 대가였다. 그가 이처럼 걸시에 집착했던 이유는 시가 돈으로 환산할 수 없는 가치를 갖고 있다고 믿었기 때문이다. 그것은 역시 시가 현세에 유명세를 얻고 후세에 이름을 남기고자 하는 욕망을 구현하는 장치라고 생각했기 때문일 것이다. 글을 익힐 기회를 갖지 못했던 조선시대 악인들에게 시는 자신의 이름을 남길 수 있는 유일한 수단이며, 자신의 유명세를 보장하는 효과적인 방안이었기 때문이다.

이정엽 외에도 조선 후기에 걸시와 관련한 시들은 다수 존재한다. 영조 때 학자인 유의건(柳宜健)의 「금사(琴師)에게 주다」라는 시는 거문고를 타는 악인이 걸시를 해 와서 지어 준 작품이다.

> 누가 타는 월하금(月下琴)인지(一曲誰彈月下琴)
>
> 푸른 하늘은 물빛과 같고 저녁 구름은 아득하네(碧天如水暮雲深)
>
> 서로 곤궁한 처지를 함께하니(相逢共是窮途客)
>
> 다시 그 앞에서 백설음(白雪音)을 듣네(更聽尊前白雪音)

이 시에는 "객(客) 중에 거문고 타는 이가 있었는데 그가 가지고 있던 시축(詩軸)을 보여 주었다. 그것은 걸시한 것인데, 그 시에 차운하여 그에게 준다"라는 해설이 있다.

한편, 윤선도(尹善道) 또한 거문고 연주하는 금객(琴客)에게 시를 지어 준 기록이 있다. 「금객이 시를 지어 줄 것을 요청하기에 금계를 지어 주다」라는 제목이며 병술(1646)이라는 기록이 있다. 시의 내용은 다음과 같다.

> 세속의 욕망이 마음속에서 맑아지고(嗜慾心中淨)
>
> 천기가 지법을 통해 울려서(天機指下鳴)
>
> 산과 물을 움직이게 하니(可令山水興)
>
> 음악을 알아듣는 종자기가 있어도 그만 없어도 그만(存沒子期幷)

이 외에, 19세기 여성 음악가 중에서 가련(可憐)이라는 인물이 있었다. 박영원[朴永元, 19세기 문신으로 우의정, 좌의정 등을 거쳤으며, 『오서집(梧墅集)』이 전한다]은 1848년(헌종 14) 함경도 관찰사로 특임되었다. 그곳에서 그는 가련이라는 기생에 관한 이야기를 듣게 되는데, 이를 적은 글이 「가련첩발(可憐帖跋)」이다. 여기에는 가기(歌妓, 노래하는 기생)이자 금기(琴妓, 거문고나 가야금 연주하는 기생)였던 가련이 시를 구하러 다녔던 기록이 있다.

이에 따르면 가련은 함경도 함산의 여협(女俠)이며, 1731년(영조 7)생이다. 태생이 기생이어서 그 이름이 기적(妓籍)에 실려 있지만, 다른 기생들과 달리 지조가 있고 기(氣)와 의리를 숭상해서 여협이라 일컬어졌다. 그녀는 평소에 치마를 입거나 비녀를 꽂은 모습을 보이지 않았고, 남자처럼 국가에 대한 충성을 말하며 정치적 사건에 비분강개하기도 했다. 한 관찰사가 가련에게 명을 내려 시침(侍寢, 잠자리를 같이함)하게 했으나 그녀는 거절하며 죽어도 따르지 않았다. 그 관찰사가 가련에게 노래를 시키자, 노래를 하되 그 노랫말의 내용이 관찰사의 행동을 나무라고 풍자하는 것이었다. 거문고를 잘 탔으며, 왕실에서 왕자가 탄생했을 때는 「하청가(河淸歌)」를 지어서 부르기도 했다. 또한 제갈량의 「출사표

(出師表)」를 노래하기 좋아했는데, 이는 임금을 위해 따라 죽겠다는 절개를 표현한 것이었다.

언젠가부터 이러한 가련의 이름이 서울에 회자되기 시작했다. 관리들이 함산을 지날 때면 모두 그에게 시를 주었다. 그녀는 늙어서도 세 번 서울에 들어갔는데, 그때마다 이름 있는 이들과 높은 벼슬아치들을 두루 찾아다니면서 시를 요청했다. 그 시들이 상자에 가득 찰 정도가 되자 그것들을 잘 묶어서 장식을 하고 이를 『가련첩(可憐帖)』이라 불렀다. 말하자면 이 『가련첩』은 가련의 일생이 담긴 기록이자 걸시의 모음집이었던 것이다.

1819년(순조 19) 가련이 89세의 나이로 죽자 이 시첩의 행방은 식자(識者)와 호사가들의 관심사가 되었다. 박영원이 처음 이 『가련첩』에 대한 이야기를 들은 것은 1829년(순조 29) 함산 인근을 지날 때였다. 그때 그는 이 시첩을 수소문했는데, 당시 고을사람들이 말하기를 '그 소재를 알 수 없었다가 구석구석 찾은 끝에 비로소 늙은 기생집에서 그것을 얻었으나 이미 많이 유실된 상태'라고 하였다. 이후 1848년(헌종 14) 박영원이 함경도 관찰사로 가게 되자 다시 이를 수소문했으며, 결국 찾지는 못한 채 이에 대한 기록을 「가련첩발」의 이름으로 1850년(철종 원년)에 남겨 놓은 것이다. 이

기록의 말미에는 쓸쓸한 내용이 있다. 여협이라 불렸던 기생에 대한 폄하의 시선이 담긴 묘지석에 관한 것이다.

> 고을 동쪽 운전사(雲田社)에 그 무덤이 있으며, 묘지석에는 '함산 여협 가련의 무덤. 그의 음기는 유명하며, 생시에는 정치를 예측할 수 있었다'는 내용이 있다.

'음기가 유명하다'는 표현은 여성 악인 내지 여성 예인에 대한 편견을 드러내는 것이며, 묘지석에 이런 내용이 있다는 것은 그녀가 죽은 후 가족이나 지인들에 의해 관리되지 않았다는 것을 보여 준다. 또한 이 표현과 관련하여 당시 떠도는 일화도 있다.

이옥(李鈺)의 「북관기야곡론(北關城夜哭論, 북관의 기생이 밤에 운 것에 대한 논변)」에 의하면 가련은 함흥 낙민루(樂民樓)에서 아름다운 소년을 만났다. 그와 밤을 지새우며 시와 술과 바둑과 음악을 함께 나누었는데, 모든 것에서 두 사람은 완벽하게 궁합이 맞는 듯했다. 가련은 '이 사람 만난 것만으로도 내 삶은 헛되지 않다'고 여겼다. 이윽고 불을 끄고 누웠는데, 그제야 소년이 성불구자임을 알고 가련이 통곡했다는 이야기이다. 이옥은 이 일화를 소개하면서 가련의 통곡은

욕정 때문이 아니라 '천고의 가인(佳人)·재자(才子)를 만나기 어려움' 때문이라고 설명했다.

걸시를 했던 여러 음악가, 즉 자신과 관련된 시의 결과에 따라 이름값이 배나 뛰었다는 상림춘, 송도에서 아주 잠깐 머물렀던 이정귀에게 굳이 시를 간청했던 금아(琴兒), 이인상, 유언호, 남유용 등 여러 시인에게 애써 자신의 거문고에 관해 시를 써 달라고 간청했던 이정엽 등의 기록들을 보면, 악인들에게 시는 자신의 이름값과 동일시되는 '영예로움'의 상징으로 인식되고 있었음을 볼 수 있다. 이름값과 영예라는 것은 악인으로서 보다 부각된 삶을 살고자 하는 현세적 욕망임과 동시에 후세에 이름을 남기고자 하는 내세적 욕망이기도 하다.

악인 걸시의 욕망이 현실적 유명세 혹은 자신의 존재감 제고와 후세에 이름을 남기고자 한 것이었다면, 이는 『효경(孝經)』에서 말하는 "입신행도 양명후세[立身行道 揚名後世]"라는 유교적 가치에 해당한다. 입신(立身)이란 사회에서 자신의 존재를 인정받고 자신의 이름을 인정받는 것이며, 이는 자신의 예술적 가치를 인정받고자 하는 사회적 인정투쟁의 욕망에 해당한다. 그 속에서 자신의 예능 활동은 신분에 따른 예능적 봉사를 넘어서 행도(行道)의 위치를 얻게 된다.

후세에 이름을 남긴다는 양명후세(揚名後世)의 취지는, 신분적 하층민으로서 살 수밖에 없는 예능인의 일반적인 음악 활동만으로는 어디에서도 자신의 이름을 새겨 넣을 수 없다는 현실에서 비롯된다. 후세에 이름을 남기고자 하는 욕망은 현세의 유명세가 큰 인물일수록 커진다. 이는 이마지의 경우에서 확인할 수 있다. 글을 배울 기회가 없고 시를 지을 능력이 없었던 악인들은 그 음악적 능력이 뛰어나고 사회적 유명세가 클수록 자신의 이름을 후세에 남길 수 없다는 사실을 아쉬워했으며, 후세에 이름을 남기는 것을 현세의 유명세 획득만큼이나 중요한 가치로 여겼던 것이다. 그것은 일종의 명예욕이며, 그를 위한 가장 효과적인 수단이 바로 사인(士人)에 대한 걸시(乞詩)였던 것이다. 음악적 능력과 신분적 한계 사이의 괴리가 걸시의 욕망을 키우게 했다고 할 수 있다.

이처럼 악인 걸시의 욕망이 현세에서의 사회적 인정 획득 및 신분적 한계를 넘는 명예욕의 추구에 있다고 할 때, 이는 전형적인 '입신(立身)'과 '양명(揚名)'이라는 유교적 가치에서 기인한 욕망이라고 할 수 있는 것이다. 또한 후세에 이름을 남기고자 하는 내세적 욕망 역시도 현세의 욕망과 연관된 유교적 이념의 모습이라고 할 수 있다. 결과적으로 악인들의 걸시는 현세적 욕망과 내세적 욕망이 결합된 유교적 이념이 만들어 낸 음악가들의 생존방식이었다고 볼 수 있다.

4장
현실과
추상

　조선시대 악인들은 인격체가 아닌 '도구'로 취급받으면서, 동시에 귀족들의 연회나 각종 행사의 가장 화려한 공간을 접하는 이들이었다. 그들을 언급하는 단어에는 광대를 의미하는 영인(伶人)이나 악인을 의미하는 악공(樂工) 외에 노비임을 명시하는 표현도 존재한다. '노(奴)'라는 한자가 결합된 단어가 그것이다. 관악기를 연주하는 악인은 적노(笛奴), 노래하는 이의 경우는 가노(歌奴)와 같은 표현이 등장하는데, 이런 경우는 아예 특정 집안에 소속되어 있거나 특정인의 후원을 받은 음악가에 해당한다.

　악인들은 문자를 익히지 못했기 때문에 대부분 자기 스

스로의 기록을 남기지 못했다. 악인에 대한 거의 모든 기록은 문인들에 의해 기록된 것이며, 그런 만큼 대부분 악인은 타자화된 존재로 기록되어 있다고 볼 수 있다. 타자화된 시각에서는 스스로의 감정이나 고뇌를 주체적 관점에서 볼 수 없다. 그렇다 보니 음악에 대한 기록 중 상당수는 사족들의 관점에서 추상적 영역에 머무는 경우가 많았으며, 특히 문학적 상징이 강화된 시에서 이런 양상은 두드러졌다. 가장 화려한 공간에서 음악을 담당하면서도 늘 타자의 시선에 머물러야 했던 악인들의 모습은 현실과 추상 사이의 괴리가 매우 클 수밖에 없었다.

현실 속의 음악-화려한 소비문화

사족들의 소비적 음악문화에 악인들이 동원되는 경우는 전근대 사회에서 일반적인 모습이었다. 1장에서 언급했던 여러 유명 음악가들은 대부분 당대 최고의 화려하고 사치스러운 연회에서 자신의 기량을 표출했던 이들이었다. 연주공간에서는 여러 악기 연주자들이 함께 동원되는 경우도 있고 특정 악기 연주자가 단독으로 동원되는 경우도 있으나, 어느 쪽이든 음악 연주자만이 아니라 기녀들의 춤까지 함께 동반되는 경우가 많았다.

　다음은 권필(權韠, 조선 중기의 문인으로 벼슬을 하지 않고 사회풍자의 글들을 남겼다)의 시 「성동(城東)에 노닐며 사상(使相)의 시에 차운하다」 중 일부이다. 사상은 월사(月沙) 이정귀(李廷龜)를 지칭하는데, 이정귀는 앞서 언급되었듯이 임진왜란 직후 예조판서 등을 역임한 고위 관료이자 대금 악공 함무금을 대동하고 금강산을 유람했던 인물이기도 하다. 다음 시는 임진왜란 직후의 피폐한 시대에 작성된 시인데, 시의 내용은 당시 사족들의 화려하고 소비적인 연회에 악인과 기녀들이 동원된 기록을 보여 준다.

　　　이에 나는 빈관에 앉아(伊余坐賓館)

　　　스스로 궁벽한 곳에 머물고 있음에 외로운데(自傷遊絶域)

　　　이 자리에 참여함에 즐거움이 배가되었다(偶此忝陪賞)

　　　처음 술자리가 펴지고 온갖 악기가 진동하니(初筵動匏革)

　　　물고기 회가 백설처럼 쌓였고(江鱠白雪高)

　　　고기 안주는 붉은 속살이 넘쳐났다(山肴絳實拆)

　　　산천 구경에 여념하느라 고개가 아프고(覽物脰空勞)

　　　옛일을 회상하느라 팔뚝이 저려 왔다(弔古腕屢扼)

　　　다행히 지금은 태평한 시대이니(幸今時運泰)

전쟁이 끝난 때이다(正值兵火熄)

모든 것을 잊고 술 마시고 노래할 뿐(卽事但酣歌)

군사의 일을 생각할 필요 있으리오(金戈何用拓)

해가 지고 달이 뜨니(日入邊月生)

흥이 일어 주체할 수 없고(奇興殊未極)

이 자리에서 즐거움을 다할지니(逢場却盡歡)

고향이 멀다고 어찌 말하리오(豈道鄕關隔)

고운 여인이 금빛 옷을 입고(佳人金縷衣)

장적(長笛, 대금) 소리 따라 요염하게 춤을 추는데(裊裊隨長笛)

전란 후에 이렇게 즐기니(亂後得此遊)

세상에 오늘 밤 같은 때도 있구나(人間有今夕)

– 권필(權韠), 『석주집(石洲集)』 제1권, 「성동(城東)에 노닐며 사상(使相)의 시에 차운하다」 중.

　　이 시의 시대적 배경은 임진왜란 직후이다. 당시의 혼란한 상황에서 사대부들의 소비적인 생활상이 묘사되어 있으며, 기녀가 대금소리에 맞추어 춤추는 장면을 그리고 있다. 물고기 회가 눈처럼 쌓이고 붉은 고기 안주가 그릇에 넘쳐나는 자리에서 기녀의 춤과 대금의 음악은 소비와 유흥의 보조적 수단으로 존재하며, 음악적 이상이나 사회에 대한 고민은 제거되어 있다. 악인의 삶은 사대부의 소비적 삶을 위한 수단에 불과함을 보여 주는 것이다.

이런 양상은 위에서 언급한 이정귀의 기록에서도 잘 드러난다. 이정귀는 삼각산을 유람하기 위해 적공(笛工, 대금 연주자)을 데려가고자 했고, 자신의 벗인 신응구(申應榘) 집안의 적노(笛奴, 대금을 연주하는 노비)인 억량이라는 인물을 대동하고자 했다. 억량은 서울에서 대금 연주로 알아주는 명수 중 한 사람이었다고 한다. 하지만 억량은 이미 다른 잔치에 불려 가야 하는 선약이 있어서 함께할 수 없는 상황이었다. 이에 또 다른 유명한 연주자 이산수(李山守)를 불러오게 했으나 이산수 역시 자리에 있지 않았다. 결국, 낙담하고 삼각산 유람을 떠났는데, 일행이 넓은 바위 민지암 입구에 이르자 계곡 쪽에서 대금소리가 들렸다. 억량이 다른 잔치에 불려가서 대금을 불고 있었던 것이다. 일행은 억량에게 나중에 꼭 오라는 말을 전하고 나서 길을 계속 갔고, 나중에 저녁 무렵에 억량이 합류했다.

그런데 이정귀가 누구인가? 그는 삼각산 유람을 하기 직전까지 현직 예조판서였다. 그런 고위 인사가 악인을 못 구할 정도라면 당시 서울 사족들의 연회나 행사가 얼마나 많이 펼쳐지고 있었는지를 보여 준다. 그만큼 당대 유명한 악인은 몸값이 높았을 수도 있지만, 동시에 악인을 대동하는

80

소비적 음악문화 역시 광범위했다는 것을 알 수 있다.

악기 연주는 남자든 여자든 특별히 성별을 중요하게 여기지 않았던 것 같다. 기녀들도 거문고를 연주했고 대금을 불었다. 물론 기록에 남아 있는 유명 연주자 대부분은 남성이지만, 실제 여러 기록에서 여성들 역시 광범위하게 악기 연주를 담당했던 것으로 보인다. 예를 들어 다음 허균의 시를 보면 여성 연주자의 모습을 확인할 수 있다.

온 세상이 더위에 끓는데(大地皆煩暑)

높은 누각의 저녁은 홀로 서늘하다(危樓獨晚涼)

한가로이 옥여의(玉如意)를 쥐고(閑持玉如意)

높게 대나무 상 위에 누웠다(高臥竹方床)

좋은 술이 구슬처럼 흐르고(露醑流瓊液)

차가운 과일은 얼음처럼 시원하네(氷瓜嚼雪霜)

익히 아는 기생이(胡姬舊相識)

석양에 횡적(橫笛, 대금)을 부네(橫笛奏斜陽)

– 허균(許筠), 『성소부부고(惺所覆瓿藁)』, 「숙정루(叔正樓)」

위 시에서 기생은 원문에서 '호희'(胡姬, 가무를 연행하는 기녀)로 표기되어 있다. 한여름 무더위에 높은 누각에서 시원한 바람을 쐬면서 술과 과일을 가져다 놓고 기녀의 춤과 대금 연주를 즐기는 장면이 묘사되고 있다. 여기서도 사족들의 풍족한 삶 속에서 음악이 소비되는 상황을 엿볼 수 있으며, 대금 연주는 기생(여성)들도 했던 것을 알 수 있다.

이와 같은 화려한 공간에서의 삶이지만 악인들은 언제나 타자였으며, 화려함과 아름다움은 그들의 것이 아니었다. 오히려 그들은 문자를 익힌 문인들의 수사적 상징으로 동원되곤 했다. 특히 한시 문학에서 악기나 음악, 악인들은 멋스러운 표현과 정취를 위해 호출된 관용적 도구로 존재했다.

시 속의 음악-소박한 상징

악기나 악공은 많은 문학작품에서 소재로 활용되었다. 문학에서 음악 소재는 아름답기만 하다. 그것은 멋진 비유와 상징으로 문학작품을 빛나게 하는 장치였다. 특히 대금을 지칭하는 적(笛)이 가장 널리 시에 활용되었다. 이때 악기나 음악의 활용은 크게 세 가지로 분류해 볼 수 있는데, 첫째는 전원풍경을 묘사하기 위한 상투적 단어로 사용되는 경우, 둘째는 외롭고 고독한 소회를 밝히고 작자의 수심과 회포를 담는 용도로 사용되는 경우, 셋째는 신선을 묘사하거나 신선과 같은 삶을 향한 욕망을 드러내는 경우이다. 어느 쪽이든 악인의 존재와 삶의 가치는 거세되어 있다.

1) 전원풍경 묘사의 상투어

악기가 문학작품에서 가장 대표적으로 사용되는 예가 바로 전원풍경을 묘사하는 경우 회화적 장치로서 등장하는 것이다. 특히 목동이 소를 타고 적(笛, 대금)을 부는 장면이 상투적으로 묘사되는 경우가 많다. 목동의 젓대(대금)는 목적(牧笛)이라는 단어로 표기되곤 한다.

문장의 궤범을 아는 명가가 몇인가?(文章軌範幾名家)

책상 닦고 향 피우고 붓을 들어 쓰노니(淨几焚香點筆斜)

혁혁한 신명은 마치 앞에 있는 듯하건만(赫赫神明如在上)

아득한 물욕은 스스로 끝이 없구나(茫茫物欲自無涯)

노을 진 목동 젓대[牧笛] 봄 들판에 흩어지고(淡煙牧笛橫春野)

석양의 낚싯대 저녁 해변에 드리우네(落日漁竿下晚沙)

이는 바로 남은 생에 머물 곳이니(此是殘生歸宿處)

굳이 정원에 다시 꽃 심을 필요 없네(不須庭院更栽花)

― 이색(李穡), 『목은시고(牧隱詩藁)』 「사향(思鄕)」 중.

위에서 고려말 문신 이색(李穡)이 고향을 생각하면서 묘사한 장면에 목적(牧笛)이 등장하며, 전원생활의 편안하고 포근한 이미지를 묘사하는 데 적(笛)이 사용되고 있다. 다음 몇 가지 예를 더 들어 본다.

무성한 푸른 숲이 거친 들판 에워싸고(茂林蒼翠遶荒郊)

바람결에 소를 타고 부는 적(笛) 소리 높게 들려오네(牛背斜風一笛高)

삿갓 쓴 목동에게 흥을 물으려 하니(欲問牧童簑笠興)

태평한 봄빛이 강 언덕에 가득하네(太平春色滿江皐)

　　– 권호문(權好文), 『송암집(松巖集)』「습독 박효창의 산정 10경」 중 장림목적(長林牧笛)

우거진 풀이 연기처럼 펼쳐지는데 송아지 살찌고(暖草如烟黃犢肥)

푸른 삿갓 쓴 목동 그 뒤를 따라가네(綠簑靑篛牧兒隨)

석양에 소를 타고 장적(長笛) 비껴 불고(倒騎日夕橫長笛)

빗속에 돌아오며 한 곡조를 불어 대네(帶雨歸來一捻吹)

　　– 차천로(車天輅), 『오산집(五山集)』「청사목적(靑莎牧笛)」

골짜기 벗어나면 다시 개울 다리요(出谷復溪橋)

아침 해는 바위 절벽을 비추네(朝日照巖壁)

골짜기엔 흰 구름 피어오르고(白雲從壑起)

언덕에는 풀빛이 푸릇푸릇하네(郊原生草色)

개울 남쪽에 목동이 있어(溪南牧童在)

소를 타고 평화롭게 적(笛)을 부네(跨牛穩吹笛)

– 허목(許穆), 『기언별집(記言別集)』 중.

방초 펼쳐져 초록비단 깔아 놓은 듯(芳草初齊綠錦茵)

일찍 핀 꽃에는 새로운 무늬 수놓은 듯(早花添作繡文新)

목동은 한가로이 앉아서 적(笛)을 비껴 불고(牧童閑坐仍橫笛)

바로 요순시절 태평성세의 백성이로다(便是唐虞皞皞民)

– 이직(李稷), 『형재시집(亨齋詩集)』 「덕주도중(德州途中)」.

위와 같은 시에서는 정치나 사회의 관심, 세태의 반영, 작자의 고민이나 수심 등은 드러나지 않으며, 다만 전원생활의 한가함과 여유로움, 태평한 풍경 등이 회화적으로 묘사된다. 그렇다 보니 적(笛, 대금)과 목동의 존재는 거의 함께 사용되곤 한다. 이는 일종의 시적 상징 내지 추상적 기호의 측면이 강하다. 음악은 멋진 표현을 위한 비유적 장치인 것이다.

2) 수심과 회포의 상징

위와 달리 악기의 아련하고 구성진 성음이 작중화자로 하여금 여러 수심과 회포를 자아내게 하는 모습을 살필 수 있는 작품들도 많다. 특히 대금 같은 관악기는 식자층 내지 사족들이 직접 연주하던 악기가 아니다 보니 연주자가 자신의 소회를 직접 문자로 남기는 경우는 거의 없다. 오히려 식자층에서 악공의 연주를 듣고 자신의 감회를 진술하는 기록이 대부분이다.

여기서 악기와 연주자는 작중화자에 의해 타자화되어 있거나 인격이 거세된 추상적 장치처럼 다루어진다. 이때 악기는 실제 연주되는 악기를 지칭하기도 하지만 많은 경우 상징적 장치로서 역할을 하기도 한다. 실제 연주와 관련되는 경우는 연주자의 이름 내지 연주상황 등이 구체적으로 묘사되는 반면, 추상적 역할의 경우는 연주자나 연주상황의 구체성이 제시되지 않은 상태에서 악기 소리의 존재만 제시된다. 연주의 구체성이 드러나는 작품은 상대적으로 소수이며, 다음 이민구(李敏求)의 시를 예로 들 수 있다.

철적(鐵笛)은 누가 불어 옥금(玉琴)에 의탁하나(鐵笛誰家倚玉琴)
차가운 하늘 고운 달빛에 높은 숲에 흩어지네(寒空月彩散高林)

금을 타니 백수의 장귀조(將歸操)이고(彈爲白水將歸操)

적을 부니 황운 넘어 출새음(出塞音)이네(吹徹黃雲出塞音)

행락에도 지난날의 일 전해지니(行樂尙傳他日事)

떠돈 지 오래니 노년 신세 서글프다(流離秖切暮年心)

이원(장악원)의 악공과 비파 타는 여인(梨園樂曳琵琶女)

오래도록 시인의 옷깃을 눈물에 젖게 하네(長使騷人淚滿襟)

– 이민구(李敏求), 『동주집(東州集)』제6권, 「이웃에 사는 적공(笛工) 성발(聲發)과 금기 (琴妓) 유가(劉哥)는 모두 늙었는데 매양 달밤에 기예를 펼쳤다」

이 시는 「이웃에 사는 적공(笛工) 성발(聲發)과 금기(琴妓) 유가(劉哥)는 모두 늙었는데 매양 달밤에 기예를 펼쳤다(隣居笛工聲發琴妓劉哥俱老每月夜奏伎)」라는 긴 제목에서 알 수 있듯이 대금 연주자와 현악기 연주자의 연주를 듣고 이민구가 자신의 감회를 적은 작품이다. 성발은 대금 연주자이며, 유가는 금기(琴妓), 즉 현악기를 연주하는 여성 연주자이다. 여기서 금(琴)은 꼭 거문고를 지칭하는 것은 아니며, 거문고 또는 가야금 등의 현악기를 가리킨다. 달밤에 이들 두 늙은 연주자들의 음악이 이민구로 하여금 자신의 노년 처지에 대한 여러 상념을 불러일으켰던 것이다. 이 시에서도 악인들은 타자화된 존재에 머물러 있다.

소수의 예를 제외하면 대부분 추상화된 상징으로 관악기

가 작품 속에 자리 잡는데, 다음 몇 가지 예를 든다. 이 중에는 특히 타향을 떠도는 심정을 묘사한 시들이 많은데, 이는 또한 실제 타향살이를 오래 한 소회를 적은 것이기도 하지만 상투화된 시적 묘사방식 중 하나이기도 하다.

나는 지금 황학루를 깨고 싶은 심정인데(我欲槌碎黃鶴樓)

비단옷을 입은 자네는 유명인이 되었군(君薰羅綺得名流)

만 리 밖 변방 길을 다녀와서(萬里來從紫塞外)

술 한 잔을 마주하며 산 위에 앉았네(一樽坐對靑山頭)

이 정취를 차마 멈추지 못하고(酷探勝趣不忍去)

취하여 소리 지르며 쉴 틈이 없네(醉發豪語無時休)

날 저물어 배에 올라 강을 올라가니(日暮樓船遡江渚)

적 소리 슬퍼 시름에 젖네(笛聲哀怨易生愁)

　　― 성현(成俔), 『허백당집(虛白堂集)』 「천추사 유희명이 돌아왔기에 부벽루에서 맞이하다」

소나무 늙어도 가을을 알리지 못하고(蒼官老去不知秋)

깊은 대숲에는 푸른 빛이 흐르네(竹樹深深翠欲流)

외로운 배에 잠깐 앉으니 집처럼 편안하고(小坐孤舟平似屋)

장적 소리가 저문 강의 시름을 자아내네(一聲長笛晩江愁)

　　― 서거정(徐居正), 『사가집(四佳集)』 「제화(題畵)」 3수 중 세 번째.

소나무 다리에 날 저물어 인적 끊기고(松橋日暮斷人行)

모래 언덕 외딴 마을은 일찍 사립문 닫네(沙岸孤村早掩荊)

낙엽 날리는 찬바람은 더욱 사나운데(落木高風吹更厲)

처마에 걸린 흐린 달은 어둡다가 다시 밝아지네(掛簷微月翳還明)

강호에 백발로 떠돈 지 삼 년(江湖白髮三年淚)

청산 너머 서울 만리가 그립구나(京國靑山萬里情)

밤 깊은데 그 누가 옥적(玉笛)을 부는지(入夜何人吹玉笛)

강 마을에 가득한 수심 견디기 어렵네(不堪愁思滿江城)

– 이산해(李山海), 『아계유고(鵝溪遺稿)』 「즉사(卽事)」

개마산 앞 가을 풀 하얗고(介馬山前秋草白)

황룡성 밖 저녁 구름 누렇네(黃龍城外暮雲黃)

서풍의 적 소리 시름을 자아내니(西風一笛傷心事)

차마 산에 올라 고향 하늘 보지 못하네(不爲登高望故鄕)

– 이식(李植), 『택당집(澤堂集)』 「경성(鏡城) 절구 10수」 중 제9수.

꽃나무 심던 병든 객이 십 년 만에 돌아오니(栽花病客十年回)

나무도 늙어 나를 맞아 꽃을 만개하네(樹老迎人盡意開)

꽃에게 물어봐도 꽃은 말이 없으니(我欲問花花不語)

서글픈 모든 일 봄 술잔에 기대네(悲歡萬事付春杯)

저녁 비 흩날리고 새소리는 슬픈데(晚雨廉織鳥韻悲)

온갖 꽃들 말없이 어지러이 흩날리네(千花無語浪辭枝)

어느 누가 적으로 봄 시름을 부는가(何人一笛吹春怨)

방초 하늘 끝까지 슬픔이 끝이 없네(芳草天涯無限思)

– 이황(李滉), 『퇴계선생문집(退溪先生文集)』, 「홍도화(紅桃花) 아래서 김계진(金季珍)에게 부치다」(2수).

위의 예들을 보면 시적 화자의 시름과 슬픔은 악기 소리를 통해 피어나고 강화된다. 자신을 늙고 병든 객(客)으로 묘사하거나 오랜 객지생활의 고독한 존재로 표현하는 방식은 실제 자신의 묘사이기도 하지만 한시에서 상투적으로 보이는 자기형상화 방식이기도 하다. 악기는 여기서 실제 연주자의 삶과 무관하게 타자화되며, 식자층의 시적 상상을 위한 수단으로 존재한다.

이와 유사하면서도 단순한 상징적 타자화가 아니라 보다 구체적인 상황 속에서 감정이입이 되는 경우도 있다. 다음은 임진왜란 당시 왜군의 포로가 되었던 정희득(鄭希得)이 일본에서 쓴 작품이다.

천 리 구름 바라보다 눈물에 옷이 젖고(望雲千里已沾衣)

관산 어디선가 슬픈 노래 들려오네(何處關山一曲悲)

귀가 있으면 이 밤에 누가 안 듣겠는가(有耳今宵誰不聽)

작은 창 외로운 베개의 꿈속에서 먼저 알아듣네(半窓孤枕夢先知)

어느 곳 어떤 사람이 적 소리 보내는가(何處何人送笛聲)

소리마다 달빛에 젖어 성안에 가득하네(聲聲和月滿阿城)

이 성안의 절반은 고향 떠난 나그네(城中半是離鄉客)

이 밤에 누가 고향 생각 없으랴(此夜誰無故國情)

고국의 소리 가운데 고국의 마음(故國聲中故國心)

낙매곡과 양류곡 늦은 봄을 원망하네(落梅楊柳怨春深)

고향 그리는 곡 고향 그리는 눈물 자아내니(思歸曲引思歸淚)

어둠 속 누가 알리, 홀로 이 음악에 빠져 있음을(暗裏誰知獨解音)

– 정희득(鄭希得), 『해상록(海上錄)』 「우리나라 사람이 대금 부는 소리를 듣다」

이 시는 왜군 포로생활의 치욕과 고통 속에서 몸부림칠
때 누군가 부는 대금소리를 듣고 고향과 고국의 그리움에
사무쳤던 기록이다. 여기서 대금은 단순한 시적 상징이나
상투적 형상화가 아니라 실제 삶 속에서 화자의 내면을 드
러내는 능동적 장치로서 역할을 한다. 물론 여기서도 악인
의 삶의 맥락은 거세되어 있다.

3) 신선의 욕망

악기와 관련한 문학작품에서 드러나는 또 다른 주요한
경향은 신선이 되고자 하는 욕망이나 신선을 묘사할 때 관
악기(특히 대금)를 활용한다는 것이다. 여러 작품에서 악기는
신선의 욕망을 형상화하고 화자의 탈속 취향을 묘사하는
장치로 작용한다.

꽃 날리는 개울 문득 지나니(花灘忽已度)

옥순봉*4이 좌우에 있고(玉筍聳左右)

그 빼어남이 얼마나 아름다운지(秀色何氛氳)

푸른 산에 붉은빛이 가득하네(丹霞鬱翠阜)

손을 들어 현학을 불러보고(擧手招玄鶴)

술잔 들어 적수(笛叟)에게 권하노니(持杯勸笛叟)

맑은 학 울음과 아름다운 젓대(대금)소리 어울리니(淸唳響豪竹)

뱃전을 두드리며 장단 맞추네(船舷屢拊扣)

함께 온 일행들에게 이르되(顧呼同來人)

이 즐거움 그만두기 어렵네(此樂眞難朽)

어지러운 세상사(紛哉世中事)

---

*4 단양팔경 중 하나.

나에게는 티끌과 같네(於我如塵垢)

왕교(王喬)는 나의 스승(王喬是我師)

갈홍(葛洪)*5은 나의 친구(葛洪是我友)

신선이 어찌 멀리 있으랴(神仙豈在遠)

앙상한 신선이란 없으니(枯槁未爲有)

오늘의 즐거움 가벼이 여기지 말고(莫輕一日歡)

천 살 먹기를 바라보세(空慕千載壽)

– 김창협(金昌協), 『농암집(農巖集)』, 「백상(伯祥)이 중원(中原)에서 그의 아우 계상(季祥), 징하(徵夏) 및 아들과 조카 등 세 사람과 심생(沈生)·제현(齊賢) 형제를 데리고 배를 타고 왔다. 마침 우리 형제도 단구(丹丘)를 유람하려던 참이어서 그들과 함께 배를 띄웠다」중.

위 김창협의 시에서 적수(笛叟)는 '대금 부는 늙은이'라는 의미지만 신선을 가리키는 단어이다. 단양팔경을 유람하면서 신선의 이미지를 대금을 통해 그리고, 스스로 신선이 되고자 하는 욕망을 대금을 통해 드러내고 있는 것이다.

다음 몇 가지 예를 더 제시한다. 다음 정약용의 시는 그림 배우는 세 노인에 대한 이야기 중 일부인데, 신선의 그림을 묘사하는 데 대금이 등장한다.

---

*5 왕교(王喬)와 갈홍(葛洪)은 모두 도교와 관련 있는 인물로, 신선의 대명사로 사용된다.

기천은 신선을 좋아해 비선(飛仙, 날아다니는 신선) 그리는데(岐川好仙畫飛仙)

구름을 타고 허공을 거닐어 얼마나 가벼운가(乘雲步虛何翩)

화양동 신선 백우선(신선의 부채) 법도를 갖추었고(華陽白羽俱如法)

대금 부는 어린 동자 더욱이 자연스럽네(道童吹笛尤天然)

다만 신선 모양이 세상 사람 비슷하여(所嗟仙人貌近俗)

벼슬 생각과 색욕(色欲)이 배에 가득 차 보이네(宦情色慾猶滿腹)

　　－ 정약용(丁若鏞), 『다산시문집(茶山詩文集)』, 「대릉 세 노인이 그림 배우는 것에 대한 노래」 중.

　　앞에서 언급하였던 「유적벽기(遊赤壁記)」를 남긴 김성일의 아래 시는 달밤에 대금 소리를 듣고 지은 작품이다. 소동파를 소선(蘇仙)이라 한 데서 볼 수 있듯이 적벽부의 내용을 탈속적 신선의 경지로 해석하고 자신의 모습을 그에 대비시키고 있다. 소동파 「적벽부」에 나오는 퉁소를 대금이 대신하고 있는 것이다.

소동파는 적벽강에서 퉁소 소리 듣고(蘇仙赤壁洞簫聲)

홀로 세속의 초탈함을 자랑했지만(獨立猶誇出世情)

어찌 삼신산과 십주에서(何似三山十洲上)

장적(長笛, 대금)을 허공에 불어서 취기를 날리는 것만 하겠는가

(醉扶長笛擊空明)

　　— 김성일(金誠一), 『학봉집(鶴峰集)』, 「월야문적(月夜聞笛)」

　　이런 문학작품들을 보면 악기 소리는 작중화자의 시심(詩
心)을 자극하고 온갖 상념을 멋스럽게 묘사하는 중요한 장치
로서 기능하고 있다. 작품에서 악기를 연주하는 이들의 존
재는 거의 배제되어 있거나 무시되고 있다. 식자층에게 중
요한 것은 문학의 보조적 수단으로서 악기 소리이지 악인의
삶이 아니었다. 악인들은 필요에 따라 동원하고 호명하면
될 뿐, 그들의 감정, 고통, 애환 등은 관심사가 아니었던 것
이다. 가장 화려한 공간에서 소비되고 동원되는 것은 결국
도구적 존재로서 악인들의 신체인 것이며, 그들이 생산하는
멋진 성음과 선율의 실질적 주인은 음악가 자신이 아니라
문인, 지식인들이었다고 할 수 있다. 현실과 추상 사이에서
악인들은 주체적 존재로서 인정받지 못했던 것이다.

타자화된 꿈

　　임진왜란 이후 서성(徐渻)은 도승지, 병조판서, 호조판서,
우참찬 등을 거치다가 계축옥사(1613년, 광해군 5)에 연루되어

11년간 귀양살이를 했다. 후에 복직해서 대사헌과 병조판서 등을 거친 후 1627년 기로소에 들었고, 1628년에는 예조판서를 맡기도 했다. 정확한 시점은 알 수 없으나, 그는 평해에서 학발에 수염을 드리운 노인 한 사람을 만난 적이 있다. 평해는 지금은 경상북도 울진군에 속하지만 조선시대 때는 강원도 소속이었다. 울진에 부속된 것도 아니었고 독립된 지역으로서 평해군이었다. 강원도 소속이므로 경상도 지역보다 양양, 강릉 지역과 교류가 활발했다. 일제강점기 때 울진군 평해면이 되었다가 1963년에 울진군이 강원에서 경상북도로 이관되었다.

서성이 평해에 머물렀을 때, 고을 객사 동쪽에 봉서루(鳳栖樓, 평해에 있던 누각으로 지금은 없어졌다)가 있었다. 봉서루는 아래에서 보면 창공에 멋지게 흩날리는 기와가 아득하게 보이는 높은 누각이었다. 벽오동이 처마 끝에 서 있고, 푸른 대나무 숲이 곁에 늘어서 있는 아름다운 곳이었다. 이른 봄이라 날은 아직 쌀쌀했지만, 서성은 그곳에 올라 오랜만에 공무의 시름을 놓고 석양을 바라보며 술을 마셨다.

그런데 같이 말동무를 하던 아이가 머뭇거리면서 어떤 노인 한 명을 소개했다. 노인은 아주 먼 곳에서 왔는데, 그 이름은 허롱이라 하였다. '저는 장악원에서 음악을 하던 옛 악사인데, 형님은 이름이 허억봉으로 장악원에서 10년을 전악(典樂, 악인의 최고 자리)을 했습니다'라고 말을 했다. 그리고 그 노인은 흰머리와 수염을 바람에 날리면서 눈물을 흘리며 그 동안 그가 살아오면서 겪었던 숱한 고초를 진술했다.

허롱은 악인 집안 출신이고 전악 허억봉의 동생인 만큼 어릴 때부터 음악을 익혔다. 12세 때부터 가야금을 익혔고, 장악원에서도 동료 악인들로부터 실력을 인정받았다. 가야금 외에 관악기(대금)도 익혀서 관현악기에 두루 능통했는데, 그 역시 고관들의 화려한 잔치에 사흘이 멀다 하고 드나들었다. 새벽까지 이어지는 사치스러운 연회에서는 사족들이 기생들에게 온갖 패물을 선물하면서 화려함을 다투었다.

그렇게 사치스러운 장소에 불려 다니며 방탕하게 살면서 젊은 날을 보냈지만, 오래가지는 못했다. 전쟁(임진왜란)이 일어났다. 임금이 피란가고 모든 백성이 죽음과 같은 고통을 당할 때, 그 역시 전국을 부초처럼 떠돌았다. 험한 산골과 외딴 바닷길을 떠돌았으나, 모두가 힘들고 고통스럽던 시절, 그를 불러 줄 화려한 연회는 존재하지 않았다.

그는 악기만 불 줄 알았지 농사짓는 법도 몰랐고 고기잡이도 배우지 못했기 때문에, 일반 농민이나 어민들에 비해서 더 곤궁하게 살았다. 결국 남의 집에 들어가 물건을 훔치는 지경에 이르렀고, 이런 행동의 자괴감을 견디지 못하고 그는 바위산에 올라 뛰어내릴 생각까지 했다. 전쟁의 참화가 가실 무렵 양양 수령이 그를 불렀다. 그와 허억봉은 원래 양양의 관노 출신이었기 때문에 인연이 되었을 것으로 보인다. 그는 양양의 관아에서 다시 활동을 시작했다. 예전 서울생활만큼은 아니었지만 지역 유지의 온갖 잔치와 행사에는 늘 고기가 가득하고 진귀한 음식들이 차려졌다. 그렇게 세월을 보냈지만, 이내 몸은 늙고 병이 들어 거동이 불편하고 악기도 불기 어려운 지경이 되었다. 고을사람들에게 간간이 연주를 해 주긴 하지만 늙음에 대한 회한과 젊은 날의 기억만이 남아 있는 상황이 되었다.

서성은 저녁 늦도록 허롱의 이야기를 듣고서 슬픔을 금하지 못했다. 그리고 허롱의 지난 삶이 머릿속에 화폭처럼 그려졌다. 그때 서성은 장자(莊子)의 호접몽(胡蝶夢)을 떠올렸다. 허롱의 지난 화려한 삶과 노년의 빈궁한 삶, 아름다운 미인들의 공간과 남의 집에 물건을 훔치러 간 공간, 사치스러운 패물이 오가는 장면과 바위산에 올라 눈물 흘리는 장면, 이런 대조는 생생한 꿈속 나비와 꿈에서 깨어난 장자 사이의 혼동이기도 하다. 꿈속 생생한 날갯짓을 하는 나비가 나인지, 꿈에서 깨어난 현실의 육체가 나인지, 양자의 분별은 부질없다. 꿈과 현실의 대조는 허롱이 스스로 만든 것이 아니라 악인이라는 세습적 신분과 당시의 시대적 상황이 만든 타자화된 모순이기 때문이다. 이러한 모순구조에서 악인은 언제나 이방인처럼 혹은 부초처럼 떠도는 유랑인일 수밖에 없었다.

　이원영은 19세기 거문고로 이름을 날리던 악인이다. 어릴 때부터 음악을 배웠고 화려한 공간에 불려 다니며 연주를 했다. 그의 주변에는 언제나 아름다운 미인들이 가득했으며, 그 또한 성품이 놀기를 좋아해서 집안일은 돌보지 않았다. 17세 때부터 액정서 소속으로 연주를 했는데, 액정서는 내시부에 설치된 관청으로, 왕명의 전달, 왕실의 문구류 보관, 궁궐의 자물쇠나 정원 관리 등을 담당한 곳이다. 액정서에서 근무하는 이들은 대개 별감(別監)으로 불렸는데, 이들은 조선시대 화려한 유흥과 소비문화의 한복판에 있던 이들이었다. 이원영 또한 이별감으로 불렸는데, 재주가 뛰어날 뿐만 아니라 씀씀이도 커서 기생들로부터 '이별감 멋지다'는 말을 항상 듣고 살았다.

　그의 명성이 높아지자 왕세자가 그를 불러들였다. 1827년 효명세자가 대리청정을 하자 이원영은 세자 곁에서 거문고를 타면서 시중을 들었다. 하지만 일찍부터 겪어 온 화려한 유흥문화를 잊지 못한 이원영은 병이 들었노라 핑계 대고 다시 궐 밖으로 나와서 방탕한 생활을 이어 갔다. 생활은 방탕하면서도 거문고 실력은 더욱 오묘해져서, 다른 유명 악사들처럼 당대 고관대작들이 다투어 이원영을 초빙했고, 그의 명성은 더욱 높아졌다. 명성이 높아진 만큼 그를 찾아오는 제자들도 많았다. 그는 창의문 밖 경치 좋은 곳에 집을 지어 '일계산방(一溪山房)'이라 이름 붙이고 제자들을 가르쳤다.

하지만 가세를 돌보지 않은 사치스럽고 방탕한 생활은 오래가지 못했다. 그는 아름다운 기생들에게 온갖 재물을 가져다 바치고 유흥에 빠졌지만 이윽고 모든 기생은 다 떠나고 빈털터리가 되자 남는 것은 아무것도 없었다. 그를 찾고 불러 주는 사람들도 없어졌다. 몰락한 이원영은 수원부 송산촌(현 화성시 송산동, 병점역 부근)으로 내려가 남의 집에 세 들어 살면서 농사를 지으며 연명했다. 게다가 나이도 들어 이제는 눈도 어두워 실명상태나 다름없는 지경이 되었다. 세상 사람들에게 완벽하게 잊힌 존재가 된 것이다. 젊은 시절 서울 장안에서 이원영은 누구라도 한번쯤은 들어 보았을 법한 이름이었지만, 이제는 모두 그가 죽었을 것이라고 여기고 과거의 유명한 악사 정도로만 기억할 뿐이었다.

몸은 병들고 흉년과 기근까지 겹쳐서 그의 만년은 몹시 빈궁했다. 그의 곁에 있는 사람은 그의 처밖에 없었으나, 그녀 또한 등이 굽어 거동이 불편했다. 젊은 날 방탕한 유흥문화에 젖어 있을 때 그의 처가 홀로 살림을 꾸리면서 온갖 고초를 겪었던 것을 생각하면서, 이원영은 아내에 대한 고마움과 자신에 대한 부끄러움에 몸 둘 바를 몰랐다. 하지만 그의 처는 남편이 늙어서 쓸쓸하게 지내는 것이 안쓰러우면서도 한편으로는 분주히 돌아다니며 방탕한 생활을 하지 못하게 된 것이 오히려 다행스러웠다. 그들은 늙고 곤궁할 때 보살펴 줄 짝이 있음을 매우 고맙게 여겼다.

19세기 말-20세기 초의 문신·학자인 김윤식(金允植)은 1886년(고종 23) 화성 건릉(정조의 무덤, 현 화성시 송산동과 안녕동)에서 능을 관리하는 직책을 받았다. 능을 관리하는 것은 대단히 한가로운 일이라 무료했는데, 이때 '고을 사람 중에 거문고를 잘 타는 노인이 있다'는 소문을 들었다. 김윤식은 젊어서 서울에서 거문고도 익히고 풍류객들과도 어울렸던 인물이었다. 김윤식이 기쁜 마음으로 그 노인을 보았을 때, 노인은 키가 크고 풍채가 남달랐으며 흰머리를 날리면서 지팡이로 땅을 더듬거리고 있었다. 그 노인의 이름을 물어보니, 놀랍게도 김윤식이 젊은 시절 이름만 들었던 장안의 유명 금객(琴客) 이원영이라고 하는 것이었다. 그렇게 유명한 금객이 이런 궁벽한 촌에서 이름 없이 노년을 보내는 것을 보고 김윤식은 너무 놀랍고 안타까운 마음에 그에 대한 기록을 남기게 된 것이다.

김윤식이 이원영을 보았을 당시 이원영의 집에는 가구나 살림살이가 거의 없었고 오로지 거문고만이 방 안에 있을 뿐이었다. 가을밤이 깊어 가고 낙엽이 떨어지는 때 늙음의 회한과 젊은 날의 기억에 젖을 때면 이원영은 거문고를 타면서 노래를 했는데, 그의 처 또한 오랫동안 그의 거문고를 들어 온 터라 그 기교와 성음의 탁월함을 듣고 품평할 줄 알았다. 아무리 세상에 이름을 날렸어도 늙어서 곁에 있는 이는 가족밖에 없었던 것이다. 그때 이원영이 김윤식 앞에서 거문고를 타면서 노래했던 내용은 다음과 같다.

이 몸이 어떤 몸인가?(此身何身兮)

임금을 곁에서 모시던 몸이네(昵侍靑宮)

이 거문고는 어떤 거문고인가?(此琴何琴兮)

궁궐의 동룡(銅龍, 왕세자)을 즐겁게 하던 악기로다(得娛銅龍)

세월은 기다리지 않는 법이니(年華不留兮)

몸은 바람에 떠돌아 흩날리는 풀잎 같구나(身如飄蓬)

거문고여, 거문고여(琴兮琴兮)

너의 곤궁함을 누가 알겠는가!(誰知汝窮)

위의 노랫말에서처럼 세월은 기다리지 않는 법이니, 젊은 날의 화려했던 기억을 뒤로한 채 악인의 몸은 떠돌아다니는 신세로 묘사될 수밖에 없다. '떠돌아 흩날리는 풀잎'은 한자로 '표봉(飄蓬)'이다. 표봉은 한시에서 떠돌이 신세를 비유하는 표현으로 사용되는데, 구체적인 의미는 바람에 이리저리 뒹굴고 날리는 마른 쑥풀을 가리킨다. 가을이 되면 쑥풀은 시들고 뿌리 뽑힌 채 바람에 따라 뒹굴며 사람들의 발길에 차이다가 흙먼지와 함께 찬바람 속에 말라 간다. 악인에게 젊은 날의 화려함은 꿈처럼 지나가고, 빈궁한 노년의 현실에서 돌이켜 보는 표봉 같은 삶은 꿈 같은 현실이거나 현실 같은 꿈일 수밖에 없었던 것이다.

젊음과 노년, 화려함과 흙먼지는 꿈과 현실처럼 아득한 것 같지만 동시에 꿈과 현실처럼 생생하게 일체화된다. 꿈과 현실의 괴리와 일체화는 장자의 호접몽처럼 어느 순간의 삶이 진정한 나의 삶이었는지, 어느 순간이 가장 '나'이고 싶은 삶인지 구분 짓는 것이 무의미함을 의미한다. 이원영의 꿈과 현실, 화려한 기억과 먼지 묻은 표봉 사이의 중첩된 자아는 이원영의 것인 것 같지만, 그것은 악인으로서 얻게 될 수밖에 없었던 모순의 결과이기도 하다. 가장 화려한 공간과 가장 빈궁한 공간을 오가야 했던 존재로서, 악인이 가지는 꿈은 타자화된 현실로 전화되고, 악인의 현실은 타자화된 꿈으로 나비처럼 날아간다.

누구라도 삶은 현실과 꿈 사이 장자의 나비와 같은 것이지만, 악인의 경우는 그것이 보다 더 생생할 수밖에 없었다. 그들의 삶의 공간은 늘 타자의 공간이었고, 삶의 기억은 늘 타자화된 꿈이었다. 양자의 분별은 무모하거나 무의미하다.

5장

음악을 전한
악인들

음악가가 음악을 전하는 것이 당연한 것이라면, '음악을 전한 악인들'이라는 표현은 어색하거나 부적절할 것이다. 하지만 '후세에 음악을 전한다'고 하기 위해서는 분명한 근거가 있어야 한다. 그 근거는 바로 악보다. 조선시대 악인들은 대부분 악보를 남기지 못했다. 그들 대부분은 문자를 알지 못했고, 텍스트나 종이에 대한 접근성이 매우 낮았다. 구전으로 제자들에게 가르치기는 했지만 구체적으로 어떤 음악을 누구에게 가르쳤는지는 기록되지 못하는 경우가 대부분이었다. 그들이 자신의 음악에 대한 물증으로 남길 수 있는 유일한 방법은 종이와 글자에 대한 접근성과 이해도가 있는 이들에 의해 기록으로 남겨지는 것이었다. 사족 혹은 지식인 그룹들의 눈에 띌 때 비로소 악인들은 세상에 드러나게 되는 것이다.

악보의 제작

악기를 배워 본 사람들은 알겠지만, 자기 스승의 악기 소리와 연주실력을 늘 최고의 수준으로 여기게 된다. 그것은 직접 배우는 위치에 있다 보니 자신이 흉내 내기 어려운 기교나 주법을 능숙하게 하는 것을 눈앞에서 보기 때문에 그렇게 느껴지는 측면도 있고, 악기 소리 자체가 바로 앞에서 들을 때 가장 훌륭하고 섬세한 법이기에 멀리서 듣는 남의 연주보다 바로 앞에서 가르쳐 주는 스승의 악기 소리가 가장 훌륭하게 들리는 측면도 있다. 그렇다 보니 악인들은 사족들에게 악기를 가르칠 기회를 얻은 경우에 사회적으로 훌륭한 음악가로 평가될 가능성이 커진다. 또한 그럴 때 그의 음악도 악보화되어 남겨질 수 있다.

조선시대 악인으로서 글(한문)을 아는 이들과 교유할 수 있거나 혹은 그들을 제자로 가르칠 수 있다는 것은 대단한 행운이거나 능력이었다. 하지만 의외로 많은 사족이 악기를 배우고자 했던 기록들을 확인할 수 있는데, 대개 젊은 시절에는 일에 바빠서 음악에 관심 둘 여유가 없다가 은퇴하게 되었을 때 악기를 배우는 경우가 많았다. 그렇지 않은 경우는 왕실 종친처럼 벼슬에 나가기 어려우면서 삶의 여유는 많은 이들이 악기를 배워서 이른바 '풍류'를 즐기는 모습과 관련이 있었다.

거문고가 군자의 악기라 하여 많은 사대부 집안에서 어릴 때부터 거문고를 익히게 해서 심성을 수양했을 거라고 추측하는 경우가 있지만, 실제로는 그렇지 않았다. 조선시대에도 과거시험을 비롯한 입신·출세의 경쟁은 매우 치열해서 현실적으로 청소년기에 음악을 접하고 학습할 여유는 없었다. 간혹 그런 경우가 있다 해도 주변인들로부터 '정신 차려라'는 충고를 듣고 글공부에 전념해야 하는 것이 기본이었던 것이다. 예를 들어 18세기 서예가로 유명한 송문흠(宋文欽)은 거문고를 좋아하는 신성(申成)이라는 청년에게 거문고 배우지 말라는 염려의 글을 남겼는데, 글에서 송문흠은 당시 거문고로 연주되는 음악들은 '사람을 죽이는 것'이나 다름없고 거문고를 배우는 것은 '뜻을 나태하게 하는 병폐'라고 했다. 거문고를 멀리하고 과거 공부에 매진하라는 점잖은 충고였던 것이다.

대개의 악인은 글을 배우지 못했기 때문에 악보와 같은 기록장치와는 거리가 멀었다. 하지만 문자를 익힌 사족들은 악기에 심취하다 보면 스승의 음악을 기록하고자 할 수 있다. 세종대왕의 가장 큰 업적이 한글창제라고 하지만, 그에 못지않은 세종의 업적이 바로 악보의 창제였다. 조선시대에 악보는 다양한 방식이 알려져서 보급되었고, 조선 후기에는 전국적으로 개인적 악보편찬이 광범위하게 이루어졌다. 이때 악보는 음악을 기록해 남겨 놓는다는 일반적인 의미보다는 자신이 배운 것을 잊어버리지 않기 위한 기억 보조장치의 차원에 가깝다. 그래서 지금까지도 많은 옛 악보들이 전해지고 있는데, 악보에서 그것이 누구의 가락이고 어떻게 해서 그 악보가 만들어지게 되었는지는 악보 서문에서 언급된다. 악보에 언급된 악인들은 사족들에게 음악을 가르쳤던 인물이므로 비교적 음악적 능력과 당대 유명세가 컸던 이들이라고 볼 수 있는데, 여기에는 앞에서 언급했던 홍선종·허억봉·이무금과 김성기 등이 대표적인 경우에 해당한다.

최고의 악보와 최고의 악인들

오늘날 남아 있는 옛 악보들은 종류도 많고 내용과 표기 방식도 다양해서 기록물로 가치가 높다. 이들 옛 악보들은 오늘날 우리의 상상보다 훨씬 합리적이고 구체적이며, 여러 가지 색을 사용해서 매우 화려한 색채감을 보여 주기도 한다. 이들은 우리가 미처 알지 못했던 꼼꼼한 장인정신과 섬세한 자기묘사의 산물이라고 볼 수 있다. 또한 최고의 악보는 언제나 최고의 악인에 대한 기록이기도 하다.

1) 16세기의 걸작, 『금합자보』

1561년(명종 16) 안상(安瑺)은 궁궐 음악담당 기구인 장악원의 첨정(僉正)으로 발령을 받았다. 첨정은 지금으로 치면 행정부 소속 기관의 행정관료로, 시(寺)·원(院)·감(監) 등의 이름이 붙은 관청의 책임자였다. 대략 현재의 국립국악원장 정도 되는 자리였다고 볼 수 있는데, 장악원은 국가의 공적 행사에 사용되는 음악을 담당하는 기구이기 때문에 음악연주를 위한 악공들의 연습도 매우 중요한 임무였다. 실제 궁궐의 전정(殿庭, 궁궐의 뜰로 국가의 주요한 행사가 이루어지는 장소)에서 이루어지는 공적 행사에서 악공들이 지금처럼 악보를 앞에 두고 연주할 수는 없는 일이었기 때문에, 평소에 음악

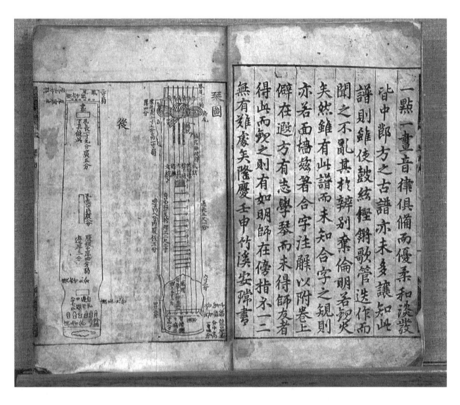

『금합자보』의 거문고 설명, 보물 제283호, 간송미술관.

을 연습하고 암기하는 것은 중요한 과업이었다. 연습을 위해서는 악보가 필요한데, 당시 안상이 상황을 파악해 보니 기존 악보는 다 낡고 해져서 사용할 수 없는 상태였다. 그래서 안상은 장악원의 공식적인 악보를 전면적으로 새로 만들기로 했는데, 이를 위해서는 악기별로 가장 뛰어나고 똑똑한 연주자를 선별해서 그들이 갖고 있는 음악들을 악보화하는 작업이 필요했다. 여기에 참여한 음악가들이 홍선종·허억봉·이무금이었다. 홍선종은 거문고, 허억봉은 대금, 이무금은 타악(북과 장구)을 담당했다.

1572년(선조 5)에 악보가 완성되었는데, 이 악보의 공식적인 명칭은 『금합자보(琴合字譜)』이다. 안상이 지휘하여 제작한 악보라 하여 『안상금보(安瑺琴譜)』라고 불리기도 한다. 금보(琴譜)란 거문고악보라는 말이며, 합자(合字)란 글자를 기호화하여 합쳐 놓았다는 말이다. 악기연주에 필요한 연주법을 기호화하여 그것을 정해진 시스템에 맞게 조합시켜 놓아서, 악보를 보면 어떻게 연주해서 그 음을 낼 수 있는지 알 수 있도록 하는 것이다. 이 『금합자보』는 악곡들의 음악적 내용과 연주법을 아주 체계적이고 합리적으로 제시한 악보로, 매우 잘 만들어진 걸작이다. 지금도 전통음악에 있어 가장 중요한 악보로 간주되고 있으며, 실물 악보가 전하고 있는 귀중한 사료다.

2) 거문고의 전설 김성기 가락, 『낭옹신보』와 『어은보』

조선 후기 가장 영향력 있는 거문고 연주자 김성기는 『낭옹신보(浪翁新譜)』(1728)와 『어은보(漁隱譜)』(1779)라는 악보를 통해 그의 음악이 전하고 있다. 김성기 역시 여러 사족(士族)과 왕실 종친까지 그에게 거문고를 배웠던 탓에, 어쩌면 그런 권력과 계급의 후원으로 인해 명성이 더욱 높아지고 후대에 이르기까지 이름이 널리 기억되고 있다고 할 수 있다.

김성기의 가장 유명한 제자는 왕실 종친인 남원군(南原君) 이설(李橶)과 선전관(宣傳官) 이현정(李顯靖)이었다. 두 사람은 김성기가 죽자 그의 시신을 지고 광릉의 산에 가서 장사 지냈는데, 그때 갑자기 산골에 검은 구름이 몰려오고 온갖 새와 짐승들이 슬피 울었다는 설화가 기록되어 있다. 두 사람은 김성기를 묻고 무덤에 술을 뿌리며 곡을 한 후 자신들이 배운 거문고를 연주했는데, 그때 또한 숲에서 구슬픈 바람소리가 일어나 맴돌았다고 전한다.

『낭옹신보』는 남원군이 주도해서 제작한 악보인 탓에 대부분 악곡 하단에 '원태전기(原台傳記)'라고 표기되어 있는데, 원태는 남원군을 가리킨다. 김성기의 음악을 남원군이 옮

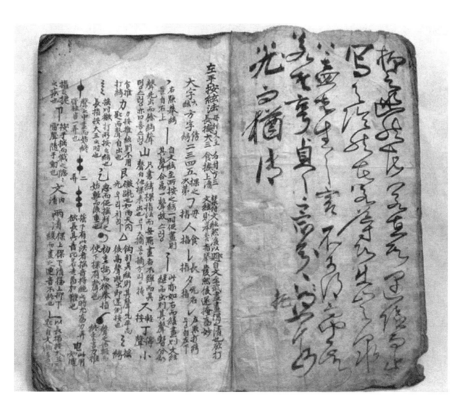

『어은보』, 류기운 소장.

거 기록했다는 의미이다. 『어은보』는 『낭옹신보』를 개수하여 필사한 악보로 간주된다.

전통음악의 역사에서 18세기는 당시 상품화폐경제와 도시 발달 상황이 맞물려 가장 활발하게 음악이 유통되고 매우 역동적으로 음악이 변화하던 시기였다. 그러한 시대적 상황을 담고 있는 악보가 이 두 악보이며, 이는 동시에 김성기의 유명세를 알려 주는 악보이기도 하다.

3) '이정(移情)'의 기억, 『양금신보』

음악의 유통에 커다란 영향을 끼친 악보의 주인공들이 더러 있다. 대표적 인물이 양덕수다. 그는 장악원 악공이었는데 임진왜란 때 남원으로 피란 간 이래, 전쟁 후에도 계속 남원에 머물면서 활동을 했다. 그런 양덕수를 알아본 사람이 바로 임실현감이었던 김두남(金斗南)이었다. 김두남은 남원에 머물고 있던 양덕수를 임실로 데려가서 그의 음악을 살펴보고 악보를 제작하게 했다.

그런 와중에 1610년(광해군 2) 유몽인[柳夢寅, 조선중기 문신·학자로 『어우야담(於于野談)』의 저자로 유명하다]이 남원부사로 부임하자 김두남은 유몽인에게 양덕수를 소개했다. 유몽인은 처음에는 시큰둥한 반응을 보였는데, '그래 봤자 중국의 아악

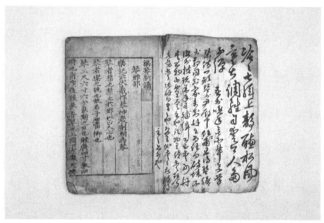

『양금신보』(1610), 국립민속박물관

처럼 위대한 음악도 아니고 조선의 악기인 거문고로 연주하는 음악은 위대한 음악으로 간주할 수 없다'고 여겼던 것이다. 임진왜란 직후만 해도 사족들 사이에서는 '위대한 음악은 중국의 아악이고 조선의 음악은 속악'으로 간주하는 선입견이 강했다. 하지만 막상 양덕수의 음악을 듣고 나자 유몽인의 생각은 완전히 달라졌다. 양덕수에게 감명을 받은 유몽인은 "돌이켜 보면 나는 음악에 대해 잘 알지 못하는 사람이었다. 악기를 연주할 겨를이 없었으며 오직 문장만을 읊고자 했다"라고 술회했다.

이후 양덕수의 음악을 기록한 악보는 조선 전역으로 퍼져서 음악유통에 막대한 영향을 끼쳤으며, 조선 후기 가장 영향력 있는 악보로 지금까지 전해지고 있다. 이 악보는 '양덕수의 거문고 음악을 담은 악보'라는 의미로 『양금신보(梁琴新譜)』(1610)라고 불린다. 유몽인은 이 악보에 발문(跋文)을 쓰면서 양덕수에 대한 호칭을 악공을 지칭하는 영인(伶人)이 아니라 '양사(梁師, 양덕수 악사)'라고 표현했다. 유몽인에게 악공 양덕수는 음악에 대한 새로운 깨달음과 새로운 세계를 알려 준 스승이나 다름없었던 것이다.

한문에서 어떤 계기에 의해 보는 눈이 달라지고 가치관이 변화하는 것을 '이정(移情)'이라고 표현한다. 감정을 변화

시킨다는 의미지만, 음악에 대해 극도의 감동을 받았을 때 생겨나는 심리적 변화를 포괄하는 말이다. 양덕수의 음악은 유몽인을 '이정'시킨 것이었다.

4) 한립의 거문고, 『운몽금보』와 『한금신보』

조선 후기 무신이었던 이택(李澤)은 나이가 들어 벼슬에서 물러난 후 향촌에 내려가서 한가로이 살고 있었다. 1707년(숙종 33) 무렵 그는 눈이 어두워져서 책 읽기도 어려워지고 기력도 쇠해서 간단한 일 하는 것도 쉽지 않은 상태가 되었다. 그렇다고 변변한 소일거리도 없었다. 그러던 중 그의 마음을 끌어당긴 것이 바로 거문고였다. 때마침 그의 집에는 낡은 거문고가 하나 있었는데, 그 악기를 수리해서 음악을 배우기 시작했다. 이런 소식을 들은 이택의 동생이 악보를 하나 빌려다 주었는데, 그 악보는 한립(韓笠/立)의 음악을 담은 악보였다.

한립은 김성기와 함께 조선 후기 거문고의 대표적 명수 중 한 사람이었다. 그는 김성기보다 약간 앞선 세대의 인물로, 김성기 음악을 담은 악보가 유통되기 전에 이미 한립의 음악을 담은 악보는 널리 유통되고 있었다. 한립은 1671년 (현종 12) 궁궐의 음악 담당 기관인 장악원(掌樂院)의 가전악(假

典樂)을 거쳐서 1685년(숙종 11)에 전악(典樂)에 임명되었다. 돌이켜 보면 이택은 1690년 무렵에 한립을 장악원에서 만난 적이 있었다. 이택의 부친이 장악원의 부정(副正)을 역임한 적이 있었던 탓이었다. 김성기와 마찬가지로 한립 역시 거문고뿐만 아니라 비파에도 달인이었다.

이런 한립의 음악을 담은 악보를 얻게 되면서 이택은 서툴지만 거문고를 서서히 익혀 가기 시작했다. 이윽고 이택은 이 악보를 다시 정리하고 다른 악보들을 참고해서 보완하여 새로운 악보를 만들기에 이른다. 그 악보를 이택은 자신의 자(字)인 운몽(雲夢)이라는 이름을 붙여서 『운몽금보(雲夢琴譜)』(1707)라고 했다.

『운몽금보』에 이어 한립의 음악은 『한금신보(韓琴新譜)』(1724)라는 악보를 통해서도 유통되었다. '한금(韓琴)'은 '한립의 거문고'를 의미한다. 악보의 명칭 자체가 한립의 거문고 음악을 담고 있음을 보여 준다. 이 악보는 자신을 '응천후인(凝川後人)'이라고 밝힌 사람이 노년에 한립에게 거문고를 배웠는데, 스승의 악보를 구하여 새로 보완해서 만들었다고 기록되어 있다. '응천후인'이 누구인지는 설이 분분하지만, 한립의 음악을 담은 악보가 당시 유통되고 있었음은 분명한 사실이다. 한립 역시 지식인에 의해 자신의 이름을 남기고 자신의 음악을 유통시킬 수 있었던 것이다.

5) 몰아(沒我)의 가야금, 『졸장만록』

졸옹(拙翁)은 예전에 많은 이들이 늙은 자신에 대한 겸양의 표현으로 즐겨 사용했던 말이다. 1766년(영조 42) 여름에, 자신을 졸옹라고 부르던 한 사람이 전라남도 고흥 거금도의 송광암에 윤동형(尹東亨)이라는 맹인 가야금 연주자를 초빙했다. 윤동형은 서울 출신의 악인으로 가야금과 노래로 유명했는데, 한번 그의 연주를 들어 본 사람들은 그 절묘함에 모두 감탄을 금치 못했다고 한다. 졸옹 역시 그해 여름에 윤동형의 음악을 들어 본 후 그의 가야금에 완전히 감화되어 버렸다. 그는 아예 윤동형을 송광암에 초청해서 한동안 함께 지내려고 했다.

송광암은 거금대교가 놓여서 차로 접근이 가능해진 지금도 쉽게 찾아가기 어려운 먼 곳인데, 그곳에서 졸옹은 윤동형의 가야금 소리를 통해 세속의 번뇌와 티끌을 잠재울 수 있었다. 암자 주변의 수백 년 된 아름드리나무와 그 아래 펼쳐진 한려수도의 푸른 바다 위로 악기 소리가 퍼질 때, 졸옹은 몰아의 경지, 물아일체의 경지를 경험할 수 있었다. 절대 고요의 산사에 앉아 가슴과 머리에 숲을 휘어 감는 바람

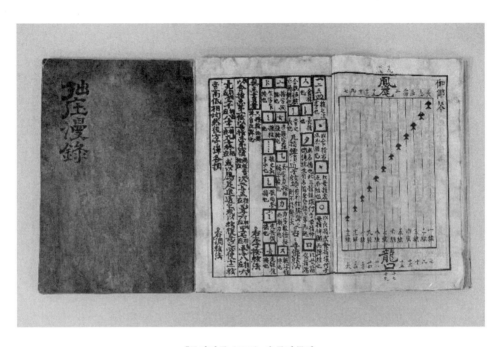

『졸장만록』(1796), 우륵박물관

의 숨결이 젖어드는 순간의 신묘함을 겪어 본 사람은 안다. 속세의 모든 고통과 업장이 '소리' 사이로 소멸될 때, 적멸의 빛만이 아득한 어둠을 비추는 경험을.

졸옹은 '세상에 드문 명수인 윤동형이 아니고서는 다시 낼 수 없는 절륜의 소리'를 후세에 남기고자 해서 그의 음악을 악보로 기록했다. 하지만 졸옹은 눈병이 생겨 악보를 완성하지 못한 채 덮어 두었는데, 그 후 30년이 지나서 다시 악보를 펼쳐 보고 정리하게 된다. 하지만 이미 윤동형이 없는 상태에서 악보는 완성할 수 없었다. 이 미완의 가야금 악보는 오늘날 『졸장만록(拙庄漫錄)』(1796)의 이름으로 전한다. 윤동형의 음악을 전하면서 졸옹은 이렇게 말한다.

마음이 있고 없는 사이에 악보를 살피고 줄을 어루만지며 아침저녁으로 깊이 빠져드니, 외물이 나와 상관없어지고 육신마저 잊을 수 있었다. 그래서 오히려 소리가 만들어 내는 것만이 아니라 소리 밖의 참 음악을 알 수 있었다.

6) 19세기 음악의 집대성, 『삼죽금보』

홍기후(洪基厚)는 19세기 전반기 서울의 거문고 명인이다. 그의 거문고 가락은 오늘날 전통음악에 있어 가장 유명한 고악보인 『삼죽금보(三竹琴譜)』(1841)라는 악보에 전한다. 악보의 원래 명칭은 『금보(琴譜)』인데 삼죽선생이 편찬한 금보라고 하여 통상 『삼죽금보』라고 부른다. 이 악보는 이승무(李升懋)가 편찬한 거문고 악보인데, 이승무가 홍기후에게 거문고를 배운 후 그의 가락을 악보로 남긴 것이다.

이승무는 집에 오래된 거문고가 하나 있었다. 젊은 시절에는 음악에 관심을 가질 여유가 없었고, 거문고를 배우고자 해도 마땅한 스승을 구하기도 힘들었다. 훗날 이승무가 여유가 생겼을 때, 당시 서울에서 홍기후라는 인물이 거문고로 이름을 날리고 있었다. 이승무는 홍기후에게 거문고를 배우기 시작했는데, 완전히 거문고에 푹 빠져서 조금이라도 시간적 여유가 생기면 항상 거문고를 붙잡고 있는 지경이 되었다.

생활의 모든 시스템이 거문고 연습에 맞추어졌다. 1년 정도 지나자 어느 정도 손놀림이 익숙해지고 점점 많은 음악을 익히게 되었다. 거문고를 배운 지 2년이 지날 무렵 스승 홍기후가 죽었는데, 스승이 죽었어도 이승무의 거문고에 대한 집착은 사라지지 않았다. '누가 거문고로 유명하다'는 말을 들으면 모든 일을 제쳐 두고 그를 찾아가서 만나 보았고, 새로운 곡조를 접하거나 처음 보는 주법을 보게 되면 온

『삼죽금보』(1841), 국립국악원.

정신을 집중해서 기억해 두었다가 몰래 기록해 놓았다. 그 야말로 가리지 않고 찾아다니면서 닥치는 대로 배웠다.

마침내 이승무는 자신이 얻은 모든 선율과 주법을 정리해서 악보로 기록하는데, 그것이 『삼죽금보』이다. 홍기후의 음악을 중심으로 이승무가 정리한 이 악보는 그 양적 방대함과 화려한 색채의 정밀한 음표 정리로 인해 19세기 음악을 대표하는 가장 중요한 악보로 간주되고 있다.

오늘날 우리에게는 수많은 옛 악보들이 전해지고 있지만, 그중에서 악인의 존재감을 확인할 수 있는 악보는 소수에 불과하다. 대부분 악보는 글자를 사용할 수 있었던 사족들에 의해 제작되었지만 그 음악의 실제 주인공이었던 악인들의 존재는 잘 드러나지 않는다. 그만큼 악인들은 주목되지 않았던 이들이었다. 음악은 늘 사람들 곁에 있었고 그 가치와 효용성도 잊지 않았지만, 그것을 담당하는 사람들에 대해서는 무관심했던 것이다. 어쩌면 악인들은 사회에서 그림자 같은 삶을 살아야 했는지도 모른다. 실체가 있지만 실체로 인정되지 않는 그런 존재였던 것이다. 하지만 분명한 것은 세상에 그림자 없는 존재는 있을 수 없다는 것이다.

참고문헌

1. 원전자료

- 『금합자보(琴合字譜)』.
- 『낭옹신보(浪翁新譜)』.
- 『삼죽금보(三竹琴譜)』.
- 『신증동국여지승람(新增東國輿地勝覽)』.
- 『악학궤범(樂學軌範)』.
- 『양금신보(梁琴新譜)』.
- 『어은보(漁隱譜)』.
- 『운몽금보(雲夢琴譜)』.
- 『조선왕조실록』.
- 『졸장만록(拙庄漫錄)』.
- 『한금신보(韓琴新譜)』.
- 권필(權韠), 『석주집(石洲集)』(『한국문집총간』 75).
- 권호문(權好文), 『송암집(松巖集)』(『한국문집총간』 41).
- 김득연(金得研), 「유청량산록(遊淸凉山錄)」(『갈봉집(葛峯集)』 권4).
- 김성일(金誠一), 「유적벽기(遊赤壁記)」(『학봉집(鶴峯集)』 속5).
- 김안로(金安老), 『용천담적기(龍泉談寂記)』.
- 김영조(金榮祖), 「유청량산록(遊淸凉山錄)」(『망와집(忘窩集)』 권5).
- 김윤식(金允植), 「금사이원영전(琴師李元永傳)」(『운양집(雲養集)』).
- 김일손(金馹孫), 「속두류록(續頭流錄)」(『탁영집(濯纓集)』 권5).

- 김정국(金正國), 「척언(摭言)」, 『사재집(思齋集)』 권4.

- 김종수(金鍾秀), 「제미음이처사정엽시권후(題薇陰李處士鼎燁詩卷後)」, 『몽오집(夢梧集)』 권4.

- 김지백(金之白), 「유두류산기(遊頭流山記)」, 『담허재집(澹虛齋集)』 권5.

- 김창협(金昌協), 「동유기(東遊記)」, 『농암집(農巖集)』 권23.

- 김태일(金兌一), 「유월출산기(遊月出山記)」, 『노주선생문집(蘆洲先生文集)』 권3.

- 남곤(南袞), 「유백사정기(遊白沙汀記)」, 『신증동국여지승람(新增東國輿地勝覽)』.

- 남구만(南九萬), 『약천집(藥泉集)』, 『한국문집총간』 131.

- 남유용(南有容), 『뇌연집(雷淵集)』, 『한국문집총간』 217.

- 남효온(南孝溫), 「송경록(松京錄)」, 『추강집(秋江集)』 권6.

- 민사평(閔思平), 『급암시집(及菴詩集)』, 『한국문집총간』 3.

- 민우수(閔遇洙), 『정암집(貞菴集)』, 『한국문집총간』 215.

- 박동량(朴東亮), 『기재잡기(寄齋雜記)』, 『대동야승(大東野乘)』.

- 박영원(朴永元), 『오서집(梧墅集)』, 『한국문집총간』 302.

- 박장원(朴長遠), 「유두류산기(遊頭流山記)」, 『구당집(久堂集)』 권15.

- 서거정(徐居正), 『사가시집(四佳詩集)』, 『한국문집총간』 10.

- 서거정(徐居正), 『필원잡기(筆苑雜記)』, 『대동야승(大東野乘)』.

- 서명응(徐命膺), 「유백두산기(遊白頭山記)」, 『보만재집(保晚齋集)』 권8.

- 서성(徐渻), 『약봉유고(藥峯遺稿)』, 『한국문집총간』 63.

- 성대중(成大中), 「청량산기(淸凉山記)」, 『청성집(靑城集)』 권6.

- 성현(成俔), 『용재총화(慵齋叢話)』, 『대동야승(大東野乘)』.

• 성현(成俔), 『허백당시집(虛白堂詩集)』(『한국문집총간』 14).

• 성운(成運), 『대곡집(大谷集)』(『한국문집총간』 28).

• 송방조(宋邦祚), 「유향산일기(遊香山日記)」(『습정집(習靜集)』 권3).

• 송환기(宋煥箕), 「청량산유람록(淸凉山遊覽錄)」(『성담선생집(性潭先生集)』 권11).

• 신익성(申翊聖), 「유금강소기(遊金剛小記)」(『낙전당집(樂全堂集)』 권7).

• 신흠(申欽), 『상촌집(象村集)』(『한국문집총간』 71).

• 심수경(沈守慶), 「견한잡록」(『대동야승(大東野乘)』).

• 양경우(梁慶遇), 「역진연해군현내입두류상쌍계신흥기행록(歷盡沿海郡縣仍入頭流賞雙溪
新興紀行錄)」(『제호집(霽湖集)』 권10).

• 양대박(梁大樸), 「두류산기행록(頭流山紀行錄)」(『청계집(靑溪集)』 권4).

• 유몽인(柳夢寅), 「유두류산록(遊頭流山錄)」(『어우집(於于集)』 권6).

• 유언호(俞彦鎬), 『연석(燕石)』(『한국문집총간』 247).

• 유의건(柳宜健), 『화계집(花溪集)』(『한국문집총간』 68).

• 유진(柳袗), 「유청량산일기(遊淸凉山日記)」(『수암집(修巖集)』 권4).

• 유척기(俞拓基), 「유가야기(游伽倻記)」(『지수재집(知守齋集)』 권15).

• 윤선도(尹善道), 『고산유고(孤山遺稿)』(『한국문집총간』 91).

• 이규보(李奎報), 『동국이상국집(東國李相國集)』(『한국문집총간』 2).

• 이달(李達), 『손곡집(蓀谷集)』(『한국문집총간』 61).

• 이덕무(李德懋), 「계사춘유기(癸巳春遊記)」(『청장관전서(靑莊館全書)』 권70).

• 이동항(李東沆), 「방장유록(方丈遊錄)」(『지암문집(遲菴文集)』 권4).

• 이만운(李萬運), 「촉석동유기(矗石同遊記)」(『묵헌선생문집(默軒先生文集)』 권7).

- 이민구(李敏求), 『동주집(東州集)』(『한국문집총간』 94).

- 이산해(李山海), 『아계유고(鵝溪遺稿)』(『한국문집총간』 47).

- 이상룡(李相龍), 「유청량산록(遊淸涼山錄)」(『석주유고(石洲遺稿)』 권5).

- 이색(李穡), 『목은시고(牧隱詩藁)』(『한국문집총간』 3~4).

- 이식(李植), 『택당집(澤堂集)』(『한국문집총간』 88).

- 이옥(李鈺), 「북관기야곡론(北關城夜哭論)」(『석호별고(石湖別稿)』).

- 이인상(李麟祥), 『능호집(凌壺集)』(『한국문집총간』 225).

- 이정구(李廷龜), 『월사집(月沙集)』(『한국문집총간』 69).

- 이제현(李齊賢), 『익재난고(益齋亂藁)』(『한국문집총간』 2).

- 이직(李稷), 『형재시집(亨齋詩集)』(『한국문집총간』 7).

- 이행(李荇), 『용재집(容齋集)』(『한국문집총간』 20).

- 이황(李滉), 『퇴계선생문집(退溪先生文集)』(『한국문집총간』 29~31).

- 임억령(林億齡), 『석천선생시집(石川先生詩集)』(『한국문집총간』 27).

- 임홍량(任弘亮), 「관동기행(關東記行)」(『폐추유고(敝帚遺稿)』 권3).

- 장유(張維), 『계곡집(谿谷集)』(『한국문집총간』 92).

- 정구(鄭逑), 「유가야산록(遊伽倻山錄)」(『한강문집(寒岡文集)』 권9).

- 정사룡(鄭士龍), 『호음잡고(湖陰雜稿)』(『한국문집총간』 25).

- 정식(鄭栻), 「청학동록(靑鶴洞錄)」(『명암집(明庵集)』 권5).

- 정약용(丁若鏞), 『다산시문집(茶山詩文集)』(『여유당전서(與猶堂全書)』 권1~22).

- 정희득(鄭希得), 『해상록(海上錄)』(『해행총재(海行摠載)』).

- 조식(曹植), 「유두류록(遊頭流錄)」(『남명집(南冥集)』 권2).

- 조위한(趙緯韓), 「유두류산록(遊頭流山錄)」, 『현곡집(玄谷集)』 권14).

- 조호익(曺好益), 「유묘향산록(遊妙香山錄)」, 『지산집(芝山集)』 권5).

- 주세붕(周世鵬), 「유청량산록(遊淸涼山錄)」, 『무릉잡고(武陵雜稿)』 권7).

- 차천로(車天輅), 『오산집(五山集)』, 『한국문집총간』 61).

- 채팽윤(蔡彭胤), 『희암선생집(希菴先生集)』, 『한국문집총간』 182).

- 허균(許筠), 『성소부부고(惺所覆瓿藁)』, 『한국문집총간』 74).

- 허돈(許燉), 「유가야산기(遊伽倻山記)」, 『창주집(滄州集)』).

- 허목(許穆), 『기언(記言)』, 『한국문집총간』 98~99).

2. 단행본

- 리우짜이성, 김예풍 · 전지영 옮김, 『중국음악의 역사』, 민속원, 2003.

- 송방송, 『증보 한국음악통사』, 민속원, 2007.

- 전지영, 『옛 글 속의 음악풍경』, 북코리아, 2016.
  『조선시대 악론선집』, 북코리아, 2008.
  『조선시대 음악담론』, 북코리아, 2008.

- 한국예술학과 음악사료강독회, 『조선후기 문집의 음악사료』, 한국예술종합학교 전통예술원, 2000.